dtv

»Unter ›Bayreuth‹ versteht man zunächst einmal jene institutionalisierte und kollektive Wagneradoration, die jedes Jahr im Juli und August stattfindet. Dabei ist Bayreuth nebenbei auch noch eine Stadt. Das entgeht in der Regel selbst langjährigen Festspielbesuchern.« Man sieht, Aufklärung tut not. Und Rosendorfer klärt gerne auf. Ja, er tut dies um so lieber, als er selbst in jungen Jahren Assessor bei der Staatsanwaltschaft dieser verträumten Kleinstadt zwischen fränkischer Alb und Fichtelgebirge war. Daß ihm dabei der Schalk die Feder führt, wundert niemanden, der Rosendorfer kennt.

Herbert Rosendorfer, am 19. Februar 1934 in Bozen geboren, ist Jurist und Professor für bayerische Literatur. Er war Gerichtsassessor in Bayreuth, dann Staatsanwalt und ab 1967 Richter in München, von 1993 bis 1997 in Naumburg/Saale. Seit 1969 zahlreiche Veröffentlichungen, unter denen die ›Briefe in die chinesische Vergangenheit‹ am bekanntesten geworden sind.

Herbert Rosendorfer

Bayreuth für Anfänger

Mit Zeichnungen von
Jules Stauber

Deutscher Taschenbuch Verlag

Den Manen Richard Wagners
und dem
»Tristan Akkord« gewidmet:

Mai 1991
7., überarbeitete Auflage August 2002
8. Auflage August 2004
Deutscher Taschenbuch Verlag GmbH & Co. KG, München
www.dtv.de
© 1979, 1999 nymphenburger
in der F. A. Herbig Verlagsbuchhandlung GmbH, München
Die Texte sind in dieser Zusammenstellung erstmals 1979
erschienen. Sie wurden 1999 und 2002 vom Autor neu bearbeitet.
Umschlagkonzept: Balk & Brumshagen
Umschlagbild: ›Nach Schluß der Vorstellung‹
(Bayreuther Festspiele, 1892) von Laska
Gesetzt aus der Garamond 11/13· (3B2)
Gesamtherstellung: Druckerei C. H. Beck, Nördlingen
Gedruckt auf säurefreiem, chlorfrei gebleichtem Papier
Printed in Germany · ISBN 3-423-11386-3

Inhalt

Vorwort
7

Das historische Bayreuth
19

Glees oder: Bayreuth heute
29

Ein Wagner in Bayreuth
45

Wagnerianer und Wagnerianismus
61

Mehrere Wagner in Bayreuth
68

Die Festspiele
84

Meister(s)werke
92

Bibliographie
118

... den besinnlichen Schluß
127

Vorwort

Im Oktober 1965 überreichte mir der bayerische Justizminister eine Urkunde, in der ich mit Wirkung vom 1. 12. 1965 zum, wie es damals hieß, Gerichtsassessor ernannt wurde. Daß mir der Justizminister selber die Urkunde überreichte, war zwar natürlich eine Ehre, aber keine Besonderheit. Jeder, der von der Gehaltsklasse A 13 aufwärts bei der Justiz eingestellt wurde, erhielt einen Händedruck des Ministers. Kurz bevor ich zum Minister zwecks Entgegennahme des Händedruckes und der Urkunde geführt wurde, nahm mich ein höherer Ministerialbeamter zur Seite und bereitete mich schonend darauf vor, daß ich nach den unerforschlichen Ratschlüssen des Justizministeriums zur Staatsanwaltschaft nach Bayreuth käme. Der Minister las das dann auch auf der Urkunde und überreichte sie mir mit der Frage im warmherzigen Unterton: »Wollten Sie dahin?« »Nein«, sagte ich. »So, so«, sagte der Minister. Irgend was sozusagen Persönliches zu reden, denke ich mir, ist man als Minister bemüht in solchen Situationen. »So, so«, sagte er, »da wollten Sie also nicht hin.« »Nein«, sagte ich, »Herr Minister.« »Ja, ja«, sagte er, »Wagnerianer sind Sie nicht?« »Nein«, sagte ich. »Vielleicht«, sagte der Minister, »werden Sie's dort.«

So kam ich nach Bayreuth. Ich blieb bei der

Staatsanwaltschaft bis zum 15. Oktober 1966, an welchem Tag mich der selbstverständlich immer noch unerforschliche Ratschluß des Justizministeriums nach München zurückholte. Es war nicht die schlechteste Zeit in meinem Leben ...

Der Minister, von dem ich eben geschrieben habe, war Hans Ehard, ein würdiger Mann, damals schon fast achtzig Jahre alt, Senatspräsident am Oberlandesgericht in München, bevor er durch zwei Legislaturperioden bayrischer Ministerpräsident wurde. Dann war Hans Ehard lange Jahre Landtagspräsident und zum Schluß, am Ende seines politischen Lebens, Justizminister, der einzige hohe Richter, der in Bayern nach dem Krieg Justizminister war. Es tut mir leid, dem verdienstvollen Grandseigneur die Schuld an diesem Buch überantworten zu müssen.

Bevor ich nämlich nach München zurückkam, passierte das, was einem Schriftsteller ungefähr so häufig widerfährt, wie von einem Meteor getroffen zu werden: ich fand einen Verleger, vielmehr – der Verleger fand mich. Der Verleger Daniel Keel, der nur ungenaue Vorstellungen von meinem Beruf und von meiner Tätigkeit hatte, fand es umwerfend komisch, daß es in Bayreuth eine Staatsanwaltschaft gebe, und daß ich dort beschäftigt sei. Er nahm – übereinstimmend mit weit verbreiteter Meinung – an, daß dies so eine Art Thingstätte sein müsse und daß wir wohl unter einer Eiche verhandeln, wenigstens unter einer Linde. Bereits die erste Besprechung mit Daniel Keel endete also mit dem Auftrag, ich solle für die Reihe der Diogenes-Reisebücher ›Bayreuth für Anfänger‹ schreiben. In München ist ein Gerichtsassessor gar nichts. In Bayreuth ist – ich muß einschränken: war jedenfalls damals – sogar ein Gerichtsassessor jemand. Wenn ich zum Haarschneiden ging, erkundigte sich der Meister stets persönlich, ob der Herr Assessor zufrieden sei. Wenn ich in meinem damalig bescheidenen Volkswagen an die Kreuzung kam und der Polizist mich sah, gab er sogleich meine Fahrtrichtung frei und salutierte. Und wenn Sitzung in der Amtsgerichtsaußenstelle Bad Berneck war – seligen Angedenkens, sie ist der Justizreform zum Opfer gefallen –, was leider immer ausgerechnet am Ruhetag der dort besten Gastwirtschaft war, wurde für den Richter und den Assessor der Staatsanwaltschaft extra gekocht, die Menüwünsche konnte man vor der Sitzung einem Boten bekanntgeben, der von der Wirtin in den Sitzungssaal heraufgeschickt wurde.

So ein Assessor, nahm ich an, darf dann nicht ein bösartiges Buch über sein Bayreuth schreiben. Ich wählte also ein Pseudonym, und wenn schon Pseudonym, dachte ich mir, dann versuche ich zwei Fliegen mit einer Klappe zu treffen. Dazu muß ich etwas weiter ausholen. Ich heiße Rosendorfer. Zwar heiße ich nicht Mordechai, auch nicht Siegfried (schon gar nicht Direktor), aber schon mein Vater wurde in der Nazizeit gelegentlich scheel angeschaut, was ihn als einen aufrechten Nationalsozialisten zur Weißglut brachte. (Er verwendete lange

Zeit und viel Mühe auf die Erstellung eines sogenannten ›arischen Nachweises‹. Zu seinem Leidwesen gelang astreine arische Klärung nicht. Infolge unehelicher Geburt eines Urgroßvaters bei nicht ganz geklärter Vaterschaft blieb der ›arische Nachweis‹ versagt.) Rosendorfer, dachte ich mir, werden die eingefleischten Wagnerianer hinter vorgehaltener Hand sagen, das ist bestimmt ein Jude. Das Argument wollte ich ihnen nehmen. Ich wollte *das Nest beschmutzen* und wählte daher ein tadellos nordisches Pseudonym und verfaßte dazu folgenden Lebenslauf:

Vibber Tøgesen

Geboren 1913 in Dronninglund bei Aalborg, Nord-Dänemark, aus einer dänisch-finnisch-norwegischen Familie. Die Mutter Tuuse Sigjav, als Verfasserin feinsinniger Gedichte bekanntgeworden, ist Nachkommin des Smørre Sigjav, des legendenhaften Gründers des Sigjav-Things am Fämund-See in Norwegen. Vibber Tøgesen besuchte in Aalborg die Schule, studierte in Kopenhagen, Paris und zuletzt in Berlin (klassische Philosophie und Querflöte), jedoch ohne Abschluß. Durch Anschluß an einige nonkonformistische Gruppen wurde V. T. führendes Mitglied des ›Forre-Kranzes‹. Seit 1938 arbeitet V. T. bei zahlreichen Zeitungen, im Rundfunk und im Fernsehen Dänemarks und des Auslandes mit. 1954 Frane Tonnes-Preis für das Living-Hörspiel ›Sternen-Innung‹, 1957 Mitglied der UNESCO-Kommission zur Erforschung der soziologischen Grundlagen Ugandas. V. T. lebt in Kopenhagen und ist mit Laving Hovard verheiratet.

Vorweg: Ist Vibber ein männlicher oder ein weiblicher Vorname? Niemand hat es je ergründet. Der eine oder andere Rezensent fiel auf die Mystifikation herein. Die schlaueren ahnten natürlich, daß da etwas nicht stimmte. Willy Haas, dessen Namen ich schon deshalb mit Ehrfurcht begegne, weil niemand geringerer als Hugo von Hofmannsthal ihn seiner Freundschaft für würdig hielt, schrieb eine Kritik in der ›Welt‹, die mich stutzig machte und mir bis heute unerklärlich ist. Es war eine ganz kurze Kritik, und sie befaßte sich ausschließlich mit einer einzigen Zelle, nein, mit einem einzigen Nebensatz des Buches: Seite 16 der ersten Ausgabe, 5. Zeile von unten »... Wilhelm II., von dem man sagt, er habe eine Kopfprothese getragen ...« Auf ein derartiges Gebrechen eines Mannes, der immerhin Deutscher Kaiser war, schrieb Willy Haas, lasse sich doch wohl taktvoller und diskreter hinweisen. Auch die Weihe der Freundschaft weiland Hofmannsthals scheint nicht umfassend zu wirken.

In Bayreuth machte das Buch selbstredend großes Aufsehen. Die ›Bayreuther Nachrichten‹ widmeten ihm einen Artikel auf der ersten Seite mit Balkenüberschrift von der Größe, die sonst nur Erdbeben oder Mondlandungen vorbehalten ist. Nachdem durch eine Indiskretion eines Verlagsvertreters das

Pseudonym gelüftet wurde, rumorte es noch einmal eine Zeitlang. Aber mir wurde vergeben. 1971 wurde ich sogar von einer literarischen Arbeitsgruppe zu einer Lesung in Bayreuth eingeladen (außerhalb der Festspielzeit) und dazu, einen Beitrag zu einer Bayreuth-Anthologie zu schreiben. 1974 wagte ich es ganz vorsichtig, dem ›Tannhäuser‹ beizuwohnen.

Eines, allerdings, dachte ich mir schon vor einiger Zeit, bin ich Wagnern aber nun doch schuldig, wo ich schließlich mit dem Buch schnödes Geld verdient habe: ich kaufte mir die Schallplatten-Gesamtaufnahme des ›Ring des Nibelungen‹ (Georg Solti, vier Kassetten), und nicht genug damit, auch die Taschenpartituren dazu. Ob es mir, dachte ich, wenn ich so dasitze und Takt um Takt anhand der Partitur verfolge, versuchend, des Heiligen Meisters Tiefen auszuloten, ob es mir da nicht so geht wie Dr. Franz Willnauer (dem Herausgeber der Briefe Alban Bergs und unerschrockenen Verfechter der modernen Musik)? Er fuhr eines Tages als Anti-Wagnerianer nach Bayreuth, um sich so richtig über alles das, was sich dort so tut, zu ärgern. Kaufte sich einen Klavierauszug des ›Parsifal‹ und kam als Wagnerianer zurück. Ob es mir nach intensiver Beschäftigung mit dem ›Ring‹ ähnlich gehen wird, wie der Minister schon vermutet hatte? Es muß wohl, gebe ich zu, eher an mir liegen. Beim Ausloten der Tiefen des Heiligen Werkes stieß ich bereits nach wenigen Zentimetern auf unfruchtbaren Lehmboden. Meine Ansicht (die mit dem großen Musikologen Georgiades ich zu teilen die Ehre habe), daß ›Hoffmanns Erzählungen‹ die wichtigste Oper des 19. Jahrhunderts ist, wurde nicht erschüttert.

Beschämt gestehe ich im Übrigen auch, daß ich nicht nur die Taschenpartituren, vergleichsweise profane Dinge also, sondern die hehren Originale, des Meisters Autographen, in meinen frevelnden, wenngleich, trotz allem, vor Ehrfurcht leicht zitternden Händen gehalten habe. Jawohl, mir, dem musikalischen Schwarzalben, war vergönnt, in Händen zu halten, für dessen Berührung manche Bekenntnis-Walküre ihren Festspielnerz geben würde. Ich habe mit eigenen Händen in der ›Parsifal‹-Handschrift geblättert, im Autograph des ›Siegfried-Idylls‹ (in violette Seide gebunden), hatte die goldene Feder in der Hand, mit der der Meister das alles geschrieben hat. Ich habe es mir erschlichen, bekenne ich, die Hüterin dieser Schätze wird es mir nicht verziehen haben: Gertrud Strobel. Frau Strobel, die Witwe des Herausgebers des Briefwechsels Ludwigs II. mit Richard Wagner, das am präzisesten edierte Quellenwerk zu Wagner, das ich kenne, Frau Strobel war die Kustodin des Wahnfried-Archivs und vor allem ein wandelndes Wagner-Lexikon und eine Kennerin der Genealogie der Häuser Wagner und Liszt mit allen Verästelungen und Verschwägerungen hinauf und hinunter und kreuz und quer. Von ihr weiß ich, daß es Richard Wagners Schwager war, der 1870 Preußen den Krieg erklärte. Die Weltgeschichte läßt sich auf ihrer Hintertreppe merkwür dige Dinge einfallen. Emile Ollivier, seit 27. 12. 1869 französischer Ministerpräsident, der am 15. 7. 1870 erklärte, er übernehme »leichten Herzens« die Verantwortung für den Krieg gegen Preußen, war mit Liszts Tochter und Cosimas Schwester Blandine d'Agoult verheiratet. Einen Monat und zehn Tage später, am 25. 8. 1870, heirateten Wagner und Cosima. Emile Olliviers Sohn Daniel Ollivier gab 1930 die Tagebücher seiner Großmutter Marie d'Agoult heraus, schon in den siebziger Jahren spielte er eine Rolle bei den Bemühungen des Hauses Wahnfried, den Bau einer Festspielhaus-Imitation in Paris zu verhindern. (Wahnfried fürchtete den Verlust von Tantiemen.) Das Verhältnis der Franzosen zu Wagner, der sie wie die Pest haßte, fast mehr noch als die Juden, ist ja eigenartig. (Französischen Champagner aber liebte er.) Gerade nach 1871 brach in Frankreich eine Wagner-Begeisterung sondergleichen aus. Die Komponisten der wahren damaligen Zukunftsmusik, die Vorläufer des musikalischen Impressionismus, standen zumindest zeitweise im Banne Wagners. Emanuel Chabrier, dessen Rhapsodie für Orchester ›España‹ als die Keimzelle des Impressionismus zu betrachten ist, war ein heftiger Wagnerianer, Camille Saint-Saëns, der im Übrigen alles, was deutsch war, nicht ausstehen konnte, gab seine genaue Kenntnis von Wagners Werk an seine bedeutendsten Schüler Ravel und Debussy weiter; eine nobel differenzierte Haltung, zu der Wagners Unduldsamkeit nicht fähig gewesen wäre. Die geradezu masochistische Wagner-Verehrung der Franzosen fand ihren Gipfel in Debussys Verhältnis zu ihm, der an der Haßliebe zum Bayreuther Meister gelitten hat wie an einer Krankheit.

Frau Gertrud Strobel hat mir viele unschätzbare Hinweise gegeben, ich habe viele interessante Stunden in ihrem gemütlichen Archiv verbracht; sie hat temperamentvoll geplaudert, immer wieder ist sie zwischendurch aufgesprungen, um – nicht zur Unterstützung, nein: zur Unterstreichung ihres unglaublichen Gedächtnisses – unedierte Briefe und Dokumente aus den Regalen zu holen. Dabei hat sie mir, wie gesagt, die heiligsten Schätze ihres Hauses gezeigt, Wagners handschriftliche Partituren. Und hier muß ich allen Ernstes sagen, ich hätte ein Herz aus Stein haben müssen, wenn ich, die ›Parsifal‹-Handschrift vor mir, nicht ehrlich ergriffen gewesen wäre.

Ich bin kein Wagnerianer. Ich habe eine Zeitlang Wagners Musik verabscheut, sogar gehaßt. Ich habe – früher, schon nicht mehr im ersten ›Bayreuth für Anfänger‹ – einmal geschrieben, daß, als ich das erste Mal den ›Tristan‹ hörte, eine Reihe vor mir ein Mann gesessen ist, der vorher sogenannte Quargeln (bekannt auch als Olmützer Käse) gegessen haben mußte. Hinfort, schrieb ich (und das stimmte auch), mußte ich immer an den Geruch der Olmützer Quargeln denken, wenn ich auch nur einen Takt ›Tristan‹ hörte, und schlimmer: ich hörte ›Tristan‹, wenn ich Olmützer Quargeln roch.

Der Geruch ist längst verflogen. Es ist nicht alles so –, und man wird älter, und ich bin zu der Erkenntnis herangereift, im ›Tristan‹ eines der höchsten musikalischen Meisterwerke zu sehen, die die Kunst hervorgebracht hat. Wenngleich: nicht *das* höchste. (Denn, *das* höchste Meisterwerk gibt es nicht.) Ich erlaube mir auch und gerade hier am Ende dieser einleitenden Betrachtung zur Neuausgabe meines ›Bayreuth für Anfänger‹ eine Äußerung Debussys (mit gebührendem Respekt und Abstand) auch für mich in Anspruch zu nehmen: »Inmitten langweiliger Momente«, schreibt Debussy, »wenn man wirklich nicht weiß, woran man sich halten soll, an die Musik? oder an das Drama?, tauchen plötzlich unvergeßlich schöne Sachen auf, die jede Kritik verstummen lassen.«

Ergänzung zur Neuausgabe 1999

1996 wurde meine jüngste Tochter geboren. Sie heißt Cosima. Seither fühle ich mich mit Bayreuth – genauer gesagt: mit Wagners Bayreuth – endgültig versöhnt.

Als Richard Wagner im Juni 1864 in tiefster Depression, in verzweifelten finanziellen Umständen, aus Wien fliehend, durch München kam, ging, nein: schlich er am Nationaltheater vorbei (nicht ahnend, daß gleich daneben der neue, junge König Ludwig II. ihn mit offenen Armen empfangen hätte), und dort wurde ›Tannhäuser‹ gegeben (oder war es

›Lohengrin‹?) – bei vollem Haus und voller Kasse. Wagner bekam nicht einmal eine Freikarte, von Tantièmen zu schweigen. Solch eine Welt, die das an einem großen Künstler getan, hat Grund, einige Risse in Wagners Charakter und Denken gnädig zu verzeihen.

Vor ganz kurzer Zeit habe ich erfahren, daß mein Büchlein damals ohne mein Wissen sogar in höhere juristische Sphären vorgedrungen ist. Mit seiner Erlaubnis setze ich hier einen kurzen, dies betreffenden Abschnitt aus den Lebenserinnerungen des Oberlandesgerichtspräsidenten a.D. Prof. Dr. Johann Schütz (damals, also zu meiner Zeit, Generalstaatsanwalt in Bamberg und somit mein Vorgesetzter):

»Eine allenfalls halbdienstliche Angelegenheit erscheint mir erwähnenswert. Der Oberstaatsanwalt, sonst gewohnt, möglichst alles vor Ort selbst zu regeln, kam angereist und berichtete mir, daß einer seiner jungen Assessoren ein Buch geschrieben habe, das in Bayreuth zirkuliere. Ich sah darin noch keinen Grund zur Aufregung und zum Einschreiten und fragte nach dem Inhalt des Werkes. Der Oberstaatsanwalt hatte es dabei und übergab es mir. Es hatte den Titel ›Bayreuth für Anfänger‹ und stammte aus der Feder unseres Gerichtsassessors *Rosendorfer.* An ihm war mir bislang nur aufgefallen, daß er in Südtirol geboren war. Ich las das Büchlein mit steigendem Vergnügen. Ich konnte den Oberstaatsanwalt beruhigen. Das Ansehen der Justiz und der Staatsanwaltschaft Bayreuth würde durch das witzige Werk nicht beschädigt; im Gegenteil. Als der Schriftsteller kurz darauf seine Versetzung nach München anstrebte, gab ich seinem Wunsch meinen Segen.«

So gehe denn, schrieb man früher, dieses Büchlein abermals in die Welt hinaus. Eines kann man dem Meister von Bayreuth nicht absprechen: Humor hatte er. Ich vermute, sogar soviel, daß ich das Büchlein seinem Namen zu widmen wage.

Und ich habe ohnedies das Gefühl, daß sich mein musikalisches Leben in einer Spirale auf den Meister zu bewegt, auch wenn Mozart und Schubert meine Zentralsonnen bleiben.

Das historische Bayreuth

Unter ›Bayreuth‹ versteht man zunächst einmal jene institutionalisierte und kollektive Wagneradoration, die jedes Jahr im Juli und August stattfindet. Dabei ist Bayreuth nebenbei auch noch eine Stadt. Das entgeht in der Regel selbst langjährigen Festspielbesuchern. Die wenigsten wissen, daß diese Stadt sogar schon lange vor Einführung der Festspiele errichtet worden ist.

Bayreuth wurde 1194 zum erstenmal erwähnt. Man schrieb damals ›Baierrute‹, was soviel heißt wie Rodung der Bayern. Das war eine genial prophetische Namensgebung, denn die Bayern kamen erst über siebenhundert Jahre später hierher. Vordem gab es hier nur Franken. In der Hauptsache schrieb man dann in den folgenden Jahrhunderten ›Baireut‹ oder ›Baireuth‹ auch ›Bareuth‹. Das Y wurde der Stadt Bayreuth im Zuge der Griechenbegeisterung König Ludwigs I. durch Kabinettsorder vom 12. Oktober 1827 verliehen. Übrigens wurde mit einer anderen Kabinettsorder vom selben Tage das Einfügen von Y in die Weyßwurst verfügt. Bekanntlich sollten sämtliche bayrische i nach und nach in y umgewandelt werden. Die Lola Montez-Affäre und andere politische Kalamitäten hinderten den König daran, diesen hochfliegenden Plan zu Ende zu führen. Was aber nun den Namen der Stadt Bayreuth

angeht: der Irrtum der beiden amerikanischen Damen, die zum ›Parsifal‹ nach Bayreuth wollten und einen Flug nach Beirut buchten, ist etymologisch nicht gerechtfertigt. Ein hübscher Irrtum ist zwei anderen Amerikanerinnen passiert. Ihre Europa-Reise-Buchungen wurden verwechselt, und sie kamen anstatt nach Bayreuth nach Salzburg. Nach der ›Entführung‹ sagte die eine zur anderen: »Ich wußte gar nicht, daß ›Tristan‹ ein Happy-End hat.«

Jahrhundertelang war die Geschichte Bayreuths mit den Hohenzollern verknüpft. Diese Hohenzollern (damals hießen sie noch Zollern, erst später erfolgte ihre Beförderung zu Hohenzollern) stammten aus bescheidenen Verhältnissen. Sie waren welthistorische Kleinhäusler auf der Schwäbischen Alb. Dank der Mesalliance einer nicht näher bekannten vohburgischen Dame erbte einer dieser Zollern namens Konrad die Burggrafschaft Nürnberg. Er ließ einen unbegüterten Vetter in der Schwäbischen Alb zurück und begab sich nach Nürnberg ans Regieren. Es war nun so – nicht nur die deutsche Sprache, sondern auch die deutsche Geschichte ist für Ausländer zwar erlernbar, aber doch für immer unbegreiflich –, daß zur Burggrafschaft Nürnberg nicht etwa auch die Stadt Nürnberg gehörte. Die war Reichsstadt und unterstand direkt dem Kaiser. Dem Burggrafen – daher der Name – gehörte lediglich die Burg in Nürnberg und ein ringförmiges Gebietsgebilde weit draußen um Nürnberg herum. Es ist verständlich, daß die Zollern trachteten, diesen eher Wurst- als Perlenkranz an Landbesitz zu vergrößern. Dies gelang auch einem von Konrads Nachkommen namens Friedrich dank einer Mesalliance einer andechs-meranischen Prinzessin 1248. Mit dem andechsischen Heiratsgut kam auch das – wie oben gesagt immerhin schon urkundlich erwähnte und 1231 sogar ›civitas‹ genannte – Bayreuth in Zollerschen Besitz.

Es war eigentlich so gedacht, daß der Burggraf den Kaiser in diesem Gebiet vertrete. In Wirklichkeit saß der Burggraf aber meistens in seiner Burg und fürchtete sich vor den Nürnberger Bürgern. Der Burggraf baute also seine Burg immer stärker und fester aus, die Nürnberger kauften immer größere Steinschleudern. Es war die bekannte teure Rüstungsspirale. Da wurde es dem Burggrafen zu dumm, er landete, wie man heute sagen würde, seinen großen Coup und verkaufte die Burg an die Nürnberger, die ihre Steinschleudern in einen Schuppen stellen konnten, wo sie den Grundstock des auch heute noch sehenswerten Germanischen Nationalmuseums bilden. Der Burggraf aber zog fidel mit dem Kaiser Sigismund gegen die Türken, wobei ihm der Kaiser in einer Anwandlung von Mildtätigkeit – andere Quellen sagen, er hätte es beim Kartenspielen verloren – die Markgrafschaft Brandenburg schenkte. Nein. Historische Wahrheit ist, daß der immer nahezu bankrotte Kaiser dem Burggrafen die Mark verkaufte; für 400.000 Gulden. Für den Gegenwert in heutigem Geld bekäme man jetzt gerade eine Zwei-Zimmer-Eigentumswohnung in Berlin. Ein gutes Geschäft also für die Hohenzollern ... wenn ihnen die Mark noch gehörte. Weil damit auch eine Kurwürde verbunden war (die Kurfürsten wählten nicht nur den Kaiser, sie waren auch sonst die Creme unter den Reichsfürsten und mußten vor jeder Kaiserwahl von allen Kandidaten bestochen werden), waren die Zollern endgültig arriviert und konnten sich nun mit Recht Hohenzollern schreiben. Friedrich – so hieß der frischgebackene Kurfürst – ließ zwei weniger begabte Vettern im Fränkischen zurück und begab sich nach Berlin ans Herrschen. Das war 1417.

In den folgenden Jahrhunderten wurden die fränkischen Besitzungen der Hohenzollern als eine Art Strafkolonie für mißliebige oder unruhige Kurfürstensprosse benützt. Die jüngeren Söhne der Kurfürsten durften dort vor sich hin regieren und konnten – dank der Entfernung und der schlechten Verkehrsverbindungen – die brandenburgische Politik nicht weiter stören. Eine Reminiszenz daran ist heutigen Tages noch die Tatsache, daß man Bayreuth immer fast nur mit dem Personenzug erreichen kann. Nur Richard Wagner, der ja für alles Eisenbahnliche von hoher Begeisterung erfüllt war, ist es zu danken, daß wenigstens einmal am Tag ein Eilzug dorthin fährt. (Ich benutze die alte Bezeichnung; ›Regionalexpreß‹ usw. habe ich noch nicht, wie man so sagt, verinnerlicht.)

Die mehr oder weniger bedeutenden Fürstlichkeiten, die dann im Fränkischen wurstelten, hießen *Sigismund* (1476–1495), *Friedrich* der Blödsinnige (1495–1536, 1515 aber wegen erwiesener Regierungsunfähigkeit abgesetzt), *Kasimir* der Bauernschlächter (1515–1527) und *Albrecht Alkibiades* (1527–1557). Alle vier nannten sich Markgrafen von

Brandenburg-Kulmbach, denn sie residierten in dieser nahe Bayreuth gelegenen Stadt auf der Plassenburg, wo heute das größte Zinnfiguren-Museum Europas würdig an diese Herren erinnert. Nach des Alkibiades kinderlosem Tod fiel das Land an einen ansbachischen Vetter namens *Georg Friedrich*, der das bayreuth-kulmbachische Gebiet von 1557 bis 1603 ohne nennenswerte Schwierigkeiten von Ansbach aus mitregierte. Als dann auch Georg Friedrich ohne – wie es in genealogischen Aufzählungen so schön heißt – Leibeserben verschied, ergriff der Kurfürst von Brandenburg flugs die Gelegenheit, seinem unbequemen Bruder *Christian* das Regiment in Oberfranken zu übertragen und ihn damit anstandsvoll aus Berlin fortzuschaffen. Christian verlegte 1604 die Residenz von Kulmbach nach Bayreuth und regierte dort bis 1655, wobei das Land den Dreißigjährigen Krieg ziemlich gut überstand, weil es der Markgraf abwechselnd mit jeder kriegführenden Seite hielt. Da Christians Sohn *Erdmann August* schon 1646 gestorben war, folgte der Enkel *Christian Ernst* (1655–1712) in der Regierung. Christian Ernst war ein prachtliebender Barockfürst, und sein hübsches kleines Denkmal – mitten in einem Brunnen – steht vor dem Neuen Schloß.

Der Markgraf *Georg Wilhelm* (1712–1726), der Sohn Christian Ernstens, war der Stifter des späteren preußischen Roten-Adler-Ordens, der erste Bauherr Bayreuths im großen Stil und im Übrigen der letzte Markgraf dieser Linie. Sein Nachfolger

Georg Friedrich Karl (1726–1735) stammte aus einem genealogisch völlig hoffnungslos scheinenden Nebenzweiglein der fränkischen Hohenzollern, das sich so wenig Aussichten auf die Herrschaft ausmalte, daß es sogar nach Preußen zurückgekehrt war. Unter Georg Friedrich Karls Sohn *Friedrich* (1735–1763) begann – und endete aber auch – die erste Glanzzeit Bayreuths, in der diese kleine Residenz eine Zeitlang europäisches Format aufwies. Das war nicht so sehr Friedrichs als seiner Gemahlin *Wilhelmine* Verdienst, die die Schwester Friedrichs II. von Preußen war. Diese Fürstin war eine ganz besonders bemerkenswerte Frau. Musikliebend, selber komponierend, der Literatur und überhaupt allen Künsten zugetan – es gibt Opernlibretti und Bilder von ihrer Hand –, krempelte sie binnen weniger Jahre ganz Bayreuth um und gab der Stadt das Aussehen, das sie heute noch hat, denn von Wagner merkt man in Bayreuth außerhalb der Festspielzeit so gut wie nichts. Sobald man die Stadt betritt, denkt man nur noch in zweiter Linie an Wagner. Die Markgräfin Wilhelmine, das ist das eigentliche Bayreuth. 1736 begann sie mit der Umgestaltung der Eremitage, 1744 war der Bau fertig.

1748 ließ sie die ›Orangerie‹ im Park der Eremitage errichten. Nach deren Vollendung ab 1753 wurde nach ihren Plänen das ›Neue Schloß‹ in Bayreuth gebaut.

Ihr Augapfel aber war das neue Opernhaus, denn die Liebe der Markgräfin galt vor allem dem musi-

kalischen Theater. Seit 1738 sind Opernaufführungen bezeugt. Italienische Sänger wurden an den Hof verpflichtet. Die Elite der Musiker am preußischen Hof kam nach Bayreuth, darunter die Brüder Graun, Franz Benda, Johann Joachim Quantz und Johann Adolph Hasse mitsamt seiner Gemahlin, der Primadonna assoluta des 18. Jahrhunderts, Faustina Hasse-Bordoni. Selbstverständlich begann man bei solch strahlendem musikalischen Leben ein eigenes Opernhaus zu vermissen. Der geniale Baumeister Joseph Saint-Pierre errichtete es unterhalb des Alten Schlosses in der heutigen Opernstraße. Es wurde nicht nur das Meisterstück dieses großen Architekten, sondern auch ein Juwel des europäischen Rokokos. Es ist in seiner ganzen Pracht erhalten geblieben.

Das letzte große Werk der Markgräfin Wilhelmine in Bayreuth war jedoch die ›Neue Residenz‹. Auch diesen großartigen, ganz und gar heiteren, eher verspielten als ausladenden Bau errichtete Joseph Saint-Pierre. Die Markgräfin erlebte noch die Fertigstellung des ›Corps de logis‹, des den herrlichen Hauptsaal umschließenden Mittelbaus mit der Torunterführung, auch die beiden Hauptflügel links und rechts davon wurden noch zu ihren Lebzeiten beendet, sie bezog das Schloß noch, wohnte aber kein Jahr mehr darin. 1758 starb sie. Mit ihrem Tod verschwand das heitere Leben der ersten Bayreuther Glanzzeit wie ein Spuk und lebte, bis Richard kam, nie mehr auf. Ihr Mann, der Markgraf Friedrich, ließ dann 1759 durch Gontard den nur von der Gartenseite her sichtbaren ›Italienischen Bau‹ für seine zweite Frau erbauen, sein Sohn und Nachfolger *Friedrich Christian* (1763-1769) noch einige ergänzende Teile an das Schloß anfügen. Mit seinem frühen Tod erlosch der Bayreuther Zweig des brandenburgischen Kurhauses. Das Land erbte der entfernte Vetter *Karl Alexander* von Ansbach, der sich um Bayreuth nicht viel kümmerte und selber kinderlos 1792 zugunsten Preußens abdankte. Bayreuth wurde preußische Provinzstadt, was mehr als ein Jahrzehnt dauerte und keine Spuren hinterließ. 1806 mußten die Preußen das Land an Napoleon abtreten, der nichts Rechtes damit anzufangen wußte und es 1810 dem König von Bayern schenkte. In Bayreuth änderte das nicht viel, aus der preußischen Provinzstadt wurde eine bayrische. Wesentlichen Teil am Gang der Weltgeschichte hatte es auch fürder nicht. Nur einmal tat sich was, und das war 1866. Es war das Jahr, von dem eingefleischte Bayern mit verzückten Augen berichten, daß damals die letzte Gelegenheit gewesen wäre, ungestraft auf Preußen zu schießen. In Bayreuth aber regten sich – in Erinnerung an die jahrhundertelange hohenzollernsche Herrschaft – unüberhörbare Stimmen, die eine Vereinigung mit Preußen forderten. Preußische Truppen besetzten den Ort. Auch ein bayrisches Detachement rückte an. Es kam zur Schlacht bei Seybothenreuth, bei der, mehr aus Versehen, vier Mann getötet wurden. Ein bayrisches Kommando versuchte, in die Stadt Bayreuth einzudringen. Am Bahnübergang an der Dürschnitz mißlang dieses Unternehmen. Auch heute noch ist diese Kreuzung lebensgefährlich. Interessant ist, daß der Befehlshaber der Bayern Hauptmann von Parseval hieß. Auf seinen zweiten Parseval mußte Bayreuth noch fünf Jahre warten.

Glees oder:
Bayreuth heute

Wir haben schon festgestellt, daß außerhalb der Festspielzeit Wagner in Bayreuth – wie man so sagt – nicht präsent ist. Auch die Bayreuther haben ein ganz eigenartiges Verhältnis zu Wagner. Der Münchner Journalist Fred Hepp hat 1963 eine sehr hübsche Reportage über Bayreuth geschrieben. Darin erzählt er von einem Friseur in Bayreuth, bei dem er sich für die ›Walküre‹ die Haare schneiden ließ. Hepp fragte den Friseur, ob auch er ›hinauf‹ gehe. ›Hinauf‹ bedeutet im Bayreuther Jargon ›auf den Festspielhügel‹, also zu den Festspielen. »Wer unter Tags arbeitet«, antwortete aber der Friseur, »kann sich das nicht leisten.« Ich hatte, als ich nach Bayreuth fuhr, um meine Assessoren-Stelle anzutreten, einen tragbaren Plattenspieler und ein paar Schallplatten dabei, um musikalisch autark zu sein. Mein Wirt, ein alter Bayreuther in einem kleinen Gasthof mitten in der Stadt, es gibt ihn noch, den Gasthof, »Beuerawärtle« heißt er nun, aber – nun ja. Alles ändert sich. Der Wirt also bemerkte meine musikalische Ausstattung und musterte interessiert meine Plattenkollektion. Ein wenig Mozart, ein bißchen Schubert, eine Brahms-Symphonie. Nach ein paar Tagen erkundigte ich mich, ob meine Musik zu laut sei und vielleicht andere Gäste störe. Er verneinte das, und so kamen wir auf Musik zu reden. Er habe,

sagte er, auch ein paar schöne Platten, die könne er mir gerne leihen, aber die wolle ich wohl nicht hören. Seine Platten seien Wagner, und ich wäre ja – Mozart und Schubert – wohl mehr für *schwere* Musik. So nahe am Quell kehren sich eben anderwärts gefaßte Werturteile um. Später hörten wir dann doch gemeinsam seine Platten. Es waren ausgewählte Chöre aus Wagners Opern, und ich wunderte mich über das verklärte Lächeln, mit dem der Wirt zuhörte. »Jetzt!« sagte er plötzlich bei einer bestimmten Stelle, »jetzt kommt Elsa die Treppe herunter.« »Da!« sagte er ein anderes Mal, »da steigt die Senta ganz in Weiß die Treppe hinauf.« – »Sie kennen Ihren Wagner aber gut«, sagte ich. »Ha!« sagte er, »ich war jahrelang Mitglied der Festspielfeuerwehr. Heute freilich gibt es bei den neumodischen Inszenierungen für die Feuerwehr nichts mehr zu tun. Alles Projektion und ein bißchen Neonflimmern hie und da, sonst alles finster. Da genügt allenfalls ein feuchter Lappen. Aber wir damals, wir standen wie ein Mann, die Spritzen bereit, beim Brand der Gibichungen-Halle, und hernach bekamen wir von Winifred Gratiswürste ... « Ja, man gerät in Bayreuth sozusagen in die bekanntlich windstille Mitte des weltweiten Wirbelsturmes der Wagnerverehrung.

Auch einen ganz schwachen Abglanz der ›schweren Musik‹ habe ich in Bayreuth entdeckt: Mozarts Augsburger Bäsle, Maria Thekla Mozart, war in Bayreuth verheiratet und starb in der ›Postei‹, lange Jahrzehnte nach ihres großen Vetters Tod. Und einmal war E. T. A. Hoffmann – der damals drüben in Bamberg wohnte – in der Stadt, um seinen Freund Jean Paul zu besuchen, der in der ›Rollwenzelei‹ draußen vor der Stadt dichtete. Dort ist heute die originale Jean Paul-Stube meist *nicht* zu besichtigen; in der Stadt aber, neben der Villa Wahnfried ein kleines Jean Paul-Museum. Alexander von Humboldt, der jüngere der genialen Brüder, lebte eine

Zeitlang als königlich-preußischer Beamter in Bayreuth. In Schillers Mitarbeiterverzeichnis für das erste Heft der ›Horen‹ firmiert Alexander von Humboldt als »Oberbergrat von Humboldt aus Bayreuth«. Das war 1799. Von E. T. A. Hoffmannschem Zauber ist das stille Bayreuth, wenn es verschneit ist. Hie und da glänzt dann ein Licht in den Giebeln der verwinkelten alten Häuser und beleuchtet einen Fleck auf der schneebedeckten Straße.

Über Jean Paul und Bayreuth erzählt man sich dort – allerdings nur unter Bayreuthern, ich hörte sie von einem Verräter – eine sehr eindrucksvolle und peinliche, wenngleich nicht unbedingt authentische Geschichte. Sie hat mit dem deutschen Staatsoberhaupt zu tun.

Bekanntlich wurden im alten Heiligen Römischen Reich Deutscher Nation die Kaiser gewählt. Da nur ein kleiner Teil der Deutschen, nämlich die sieben Kurfürsten, wahlberechtigt waren, ergab die Auswahl dieser Staatsoberhäupter kaum einen repräsentativen Schnitt durch die Volksmeinung. Auch die Kaiser aus der schwäbisch-preußischen Hohenzollernfamilie sind nicht dem deutschen Volk anzulasten. Das erste vom Volk gewählte Staatsoberhaupt war 1919 – nachdem man den letzten Hohenzoller, Wilhelm II., von dem man sagt, er habe eine Kopfprothese getragen, abgesetzt hatte – der brave Schuster Friedrich Ebert (eine späte Reverenz an den Berufsstand des Hauptmanns von Köpenick, wie mir ein deutsches SPD-Mitglied versicherte). Ich weiß – aber ich berichtige die Stelle nicht, denn der Fehler setzt mich in den Stand, den Brief hier einzurücken, den dem (oder der?) Vibber Tøgesen niemand geringerer als Hans Weigel schrieb:

Verehrter Autor von ›Bayreuth für Anfänger‹,
ich danke herzlich für den Text Ihres Buches, der ganz erstaunlich gut aus dem Dänischen übersetzt ist.

Darf ich Sie darauf aufmerksam machen, daß Richard der SS näher stand als Johann, indem ersterer sich Strauss und letzterer Strauß schrieb. (Das bezog sich auf eine andere Stelle des Buches.)

Ferner war Friedrich Ebert Sattler, nicht Schuster. Der, der Schuster war, hieß Sachs.

Schließlich vermisse ich in der Bibliographie sehr schmerzlich den Daniel Spitzer! Schaffen Sie sich das Werk ›Richard der Einzige‹ im Forum-Verlag, Wien, an – dort finden Sie ihn und anderes.

Ich empfehle mich Ihnen
mit dänischem Gruß
Ihr
Hans Weigel

Ich versichere auf Ehre, daß ich mir inzwischen Daniel Spitzers Buch besorgt, und daß ich es gelesen habe. Aber zurück zum wechselnden deutschen Staatsoberhaupt:

Man war aber nach 1919 bald der Demokratie leid und wollte zur Monarchie zurückkehren. Doch man blieb auf halbem Weg stehen und wählte den Feldmarschall von Hindenburg. Dessen einzige historische Leistung – über seine Fähigkeiten streiten sich

33

heute noch die Fachgelehrten; die gemäßigteren sagen, er wäre in seiner Jugend begabt gewesen – bestand in dem treffenden Wort über Hitler: ›Böhmischer Gefreiter‹. Der ›Böhmische Gefreite‹ war dann wohl das traurigste Staatsoberhaupt, das sich die Deutschen, allerdings nicht ohne ihr Verschulden, eingehandelt haben. Hitler war, das weiß jede Kuh, ein begeisterter Wagnerianer. Wie Bayreuth – gemeint ist das Festspielbayreuth – in der Sonne Hitlers und des Nationalsozialismus aufblühte, beschreibt ein Buch von Friedelind Wagner, ›Nacht über Bayreuth‹. So verblüffend das klingt, diese Friedelind Wagner ist eine ›echte‹ Wagner, nämlich eine Tochter Siegfried Wagners. Wegen dieses Buches wurde sie von ihrer eigenen Mutter aus Bayreuth verbannt. Erst nach dem Tod ihrer Mutter wurde sie wieder in Gnaden in Wahnfried aufgenommen. Hitler war selbstverständlich bei jeder Festspieleröffnung in Bayreuth und saß mit seiner Duzfreundin Winifred Wagner in der Staatsloge. Im ›Parsifal‹ pflegte er auf einer symbolischen Baßtuba mitzublasen, was Richard Strauss zu dem Ausspruch veranlaßte: »Der spielt sogar ohne Töne falsch.« Als Hitler nicht nur auf dieser symbolischen Baßtuba, sondern überhaupt ausgeblasen hatte, wählte man in Deutschland – vorübergehend – einen wirklich bedeutenden Mann zum Staatsoberhaupt: Theodor Heuss. Weil sich nun aber Heuss in Bayreuth immer durch einen Postminister oder dergleichen vertreten ließ, reiste einmal der Präsident des Vereins der Freunde Bayreuths zu Heuss. Der Präsident erklärte Heuss, wie wichtig ein Besuch des Staatsoberhauptes für Bayreuth sei. Mit Bayreuth meinte der Präsident, ein alter Wagnerianer, selbstredend die Festspiele. Heuss antwortete: »Ich komme gerne einmal in die Jean-Paul-Stadt Bayreuth.«

Über diesen orakelhaften Spruch setzte in Bayreuth fieberhaftes Raten ein. Ein Omnibusschaffner gab die erste Handreichung zur Lösung des Rätsels: Er erklärte, täglich die Station ›Jean-Paul-Platz‹ auszurufen. Nach Lokalisierung der Stelle wurde, unmittelbar neben dem Gasthof ›Postei‹ (– der auch schon in die Tiefe der Jahre verschwunden ist –), tatsächlich etwas entdeckt: ein Denkmal mit der Inschrift ›MDCCCXXV‹. – »Mdcccxxv...«, man zerbrach sich fast die Zunge. »Wahrscheinlich ist das israelitisch«, sagte ein Stadtrat. Man war der Lösung des Rätsels ferner als je. Ein öffentliches Preisausschreiben (erster Preis: ein Massageabonnement im städtischen Hallenschwimmbad, womit hier dieser Stolz der Stadt auch erwähnt ist) erbrachte, daß es sich bei MDCCCXXV um die römische Zahl 1825 handle. Bei nochmaliger Untersuchung des Denkmals stellte man eine weitere Inschrift fest:

JEAN PAUL
FRIEDRICH RICHTER

Obwohl das Denkmal deutlich nur *eine* Person darstellt, einen Mann, der eine Feder hält, mithin einen Dichter, breitete sich das geflügelte Wort vom ›Bayreuther Dioskurenpaar‹ aus. Man nahm an, daß Schwanthaler – der große bayrische Monumentalist des 19. Jahrhunderts und auch Schöpfer dieses Denkmals – bei gemischter Sparsamkeit und Genialität aus den beiden Dichtern Jean Paul und Friedrich Richter eine mittlere Persönlichkeit herausdestilliert und zum Denkmal vergeistigt habe. Durch Zufall stieß man auf ein eingepupptes Mitglied der Jean-Paul-Gesellschaft, das den wahren Sachverhalt klarstellte.

Gehen wir nun einmal davon aus, daß Sie, geschätzter Leser, durch irgendeine rätselhafte Fügung Ihres Geschickes *außerhalb* der Festspielzeit nach Bayreuth kommen. Es gibt für Sie dann, auch wenn Sie Festspielhaus, Wahnfried und Wagnergedenkstätte nicht besuchen wollen und können, so viele sozusagen außerfestspielische Sehenswürdigkeiten, daß Sie für einige Tage reichlich zu tun haben.

Die Bauten aus der Zeit der Markgräfin Wilhelmine haben wir oben schon erwähnt: das Opernhaus, die (wenig außerhalb Bayreuths gelegene) Eremitage mit ihrem Park und das Neue Schloß. Die Aufgeschlossenheit der Fürstin und das Genie ihrer Baumeister Gontard und Saint-Pierre, dazu die Bildhauerfamilie Räntz haben mit diesen Bauten Kunstdenkmäler von, es ist nicht anders zu sagen, europäischem Rang geschaffen. Alle drei Bauwerke sind heute öffentlich zugänglich. In den Schlössern ist zum Teil die Originaleinrichtung erhalten geblieben. Das Neue Schloß enthält außerdem eine Galerie mit Werken unter anderen des preußischen Hofmalers Antoine Pesne.

Es gibt aber auch noch das Alte Schloß, ein weitläufiger und vielfältiger Komplex (zu dem auch die Schloßkirche mit den Gräbern der Markgräfin Wilhelmine, ihres Mannes und ihrer Tochter gehört), der in seinem Baukern bis in die vorhohenzollernsche Zeit Bayreuths zurückreicht. Später haben die ersten hohenzollernschen Markgrafen Trakt um Trakt aufgerichtet und hier residiert. Besonders schön ist die Barockfassade des Ehrenhofes an der Maxstraße. Zugänglich ist das Schloß nur unter gewissen Gefahren, es birgt nämlich heute das Finanzamt.

Außerhalb des Stadtkernes, ehemals außerhalb der Stadt, am längst verschwundenen künstlich angelegten ›Brandenburger See‹ (auf dem die Markgrafen sogar eine winzige ›Flotte‹ unterhielten), liegt das Ordensschloß St. Georgen, ein Barockbau, den Markgraf Georg Wilhelm zu Anfang des 18. Jahrhunderts anlegen ließ. Die dazugehörige Ordenskirche St. Georgen ist ebenfalls ein schöner, einheitlicher Barockbau. Die Kirche ist öffentlich zugänglich, das Schloß in gewissem Sinne auch. Allerdings erzählen die Besucher nicht sehr gern, daß sie dort gewesen sind: St. Georgen ist heute ein Gefängnis.

Ein weiteres Ordensschloß sollte nach dem Willen des Markgrafen Georg Wilhelm im Süden Bayreuths entstehen. Als Grundriß war die Form des Ordenskreuzes vorgesehen, aber das Geld reichte nicht. 1720 wurde der Bau nach fünf Jahren einge-

stellt. Übrig blieben ein Kuppelsaal und einige Ansätze der Seitenflügel. Es heißt heute ›Schloß Thiergarten‹ und ist gastronomisch die erste Adresse in Bayreuth. Was die Essensgewohnheiten angeht, ist der Oberfranke nämlich sonst von nüchternem, um nicht zu sagen trockenem Schlag. Er freut sich, wenn er satt ist, wovon, ist ihm nebensächlich. Bedeutend aber ist hier flüssige Nahrung. Ich zitiere hier das unübertrefflich präzise Wort meines Bayreuther Freundes Gerd Zuber: »Der Oberfranke als solcher hat immer Durst.« Der kulinarische Höhepunkt der oberfränkischen Küche ist die Bratwurst. Es gibt sie in regional abweichenden Formen und Geschmacksrichtungen, wobei, aber das ist die private Meinung des Autors, der Kulmbacher Variante gegenüber den Nürnberger, Ansbacher, Bayreuther Varianten usw. die Bratwurstkrone gebührt. Die Bratwurst ist auch ein Bestandteil des Festspielprogramms, auf den nicht verzichtet werden kann, denn er wird – allerdings nicht kostenlos – in den, wie man weiß, eine Stunde dauernden Pausen abgegeben. Es gibt Festspielbesucher, heißt es, die gehen überhaupt nur zu Wagner, um die nun tatsächlich welthistorisch köstlichen oberfränkischen Bratwürste zu genießen. ›Tristan‹ ist ihnen nur eine Ausrede. (Wenn einer allerdings ›Parsifal‹ nur wegen der Pausenbratwürste besucht, dann grenzt das schon an Kasteiung.) Kenner der Materie bekunden, der Klang des unsichtbaren Orchesters sowie die Qualität der Bratwürste in der Pause seien die eigentlichen Spitzengenüsse der Festspiele.

Bratwürste ißt man eigentlich, scheint mir, im Stehen, so wie man in Italien den Espresso auch nicht im Sitzen genießt. Gelegenheit dazu gibt es, habe ich festgestellt, genug, nicht nur in der Festspielpause. Die Bratwurst ist saisonübergreifend, wird nicht in Form der Initialen R.W. hergestellt, und, die Bratwürste an dem einen Wurststand in der Maxstraße gegenüber dem alten Schloß sind, konnte ich bemerken, so gut wie die »oben«.

Früher, bevor Wagner kam, bestand, dem Vernehmen nach, die Magenfüllung des Oberfranken außer aus Bratwurst noch aus »Glees« (= Klöße, also Knödel), wobei hier die Variante »griena Glees« (grüne Klöße = Knödel aus rohen Kartoffeln) als Spezialität gilt. Sie wird heute noch hergestellt und in traditionellen Gastwirtschaften wie dem »Wolffenzacher« verabreicht.

Aber, nachdem Richard Wagner die Provinzstadt Bayreuth mit seinen Festspielen durcheinanderzurütteln begonnen hatte, tauchten exotische Besucher auf, etwa der Kaiser Dom Pedro von Brasilien, die die Bratwürste und Klöße als nicht genießbare Nahrung oder als unverträglich diagnostizierten, und für solche Besucher wurden Lokale mit bis dahin fremdartigen Gerichten wie Wiener Schnitzel oder gar Cordon Bleu eingerichtet. Das älteste davon ist die »Eule«, die als Teil der Festspiele gilt. Sie wurde jahrzehntelang von der legendären Frau Meier (für die Schreibweise verbürge ich mich nicht) betrieben, die ein strenges Regiment führte. Unterm Jahr war das Lokal geschlossen. Erst mit Beginn der Festspielproben öffnete es seine niedrige Tür. Vorübergehend konnten selbst Unprominente in die dunklen, verrauchten und mit unzähligen signierten Sänger- und Dirigentenphotos geschmückten Gasträume treten. Mit Beginn der Festspiele war das vorbei. In meinem ersten Bayreuther Jahr – als Assessor der Staatsanwaltschaft damals – betrat ich nichtsahnend wieder einmal die »Eule«, um meinen Dämmerschoppen einzunehmen. Da wurde ich hochkantig als nicht prominent hinausgeworfen. Ich hatte übersehen, daß inzwischen die Festspiele begonnen hatten. Da war kein Platz für mich – wo wohl Festspielgästinnen der A-Klasse in ihren Nerz rotzten, weil sie keinen Platz mehr bekamen?! Und Hans Knappertsbusch soll sogar einmal mit einem umgedrehten Kohlenkübel als Sitzplatz vorlieb genommen haben. Die Nachricht davon in der ersten Ausgabe dieses Büchleins hat Frau Meier (inzwischen seligen Angedenkens) zu oberfränkischen Äusserungen veranlasst, die so kräftig gewesen seien wie ihre Bratwürste.

Ein Lokal gehobener Art, das, allerdings nur im topographischen Sinn, über dem Festspielhaus steht, ist die »Bürgerreuth« – fünf Minuten Fussmarsch grünhügelan – mit vorzüglicher italienischer Küche, in dem nach den Vorstellungen die Berühmtheiten, die vorher die Bühne bevölkert haben, nun beim Essen betrachtet werden können. Ein Restaurant der Nerz-Klasse ist das erwähnte »Schloss Thiergarten« etwas ausserhalb, originell ist der jetzt »Kartoffelkäfer« genannte ehemalige »Vogelsgarten«.

Wer unverfälschtes prä-wagnerisches Bayreuth einsaugen will, kann, wenn er vor nichts zurückschreckt, die Gaststätte »Porsch« in der Maxstrasse besuchen, eine sozusagen naturbelassene alt-fränkische Bierwirtschaft. Der oben zitierte Freund Gerhard Zuber hat geäussert, diese Gaststätte könne nur derjenige besuchen, der noch ein eigenes Gebiss hat.

Die Aufzählung der Gastwirtschaften und Restaurants ist natürlich längst nicht vollständig. Inzwischen hat die oft fragwürdige internationale Gastronomie auch auf Bayreuth übergeschwappt. Ein Italiener wurde schon erwähnt. Ich kann mich noch erinnern, daß kurz vor meinem Wegzug aus Bayreuth 1966 in der Sophienstraße der erste Jugoslawe seine Pforten öffnete. Lang beäugten die Bayreuther das, was sich da drinnen tat, nur durch die leicht fettigen Scheiben. Inzwischen bieten Chinesen das zum Essen an, was sie für chinesisch ausgeben, und die Pest des »Fast-Food« hat vor Bayreuth auch nicht halt gemacht. (fast-Food, also Beinahe-Nahrung.)

Ganz gern gehe ich, dies zur Ergänzung, in ein neues, höchst originelles Lokal, »Oskar« in der Maxstraße, das, meine ich, eine glückliche Mischung aus Bodenständig- und Weltläufigkeit pflegt. Erwähnenswert ist auch die kleine, feine »Lohmühle« und das Restaurant ganz besonderer Art: »Vorstadtrestaurant Gabelsberg«, in dem Herr Herpich (er war der erste) in Anlehnung an die Bayreuth-Partnerstadt Annecy französische Kochkunst pflegt. Ausgesuchte Gäste erhalten eine Gabel zum Signieren, die dann als Teil eines gäblernen Gästebuches an der Wand befestigt wird.

Für Freunde von Frugalität und Bodenständigkeit bietet Bayreuth, wie ganz Franken, abseits gelegene kulinarische Stützpunkte, wie etwa das tief im fränkischen Urwesen verankerte Gasthaus »Auf der Theta« im Weiler Hochtheta, etwa zehn km von

Bayreuth entfernt. Wer dorthin findet, gehört zu den Eingeweihten.

Der oberfränkische Durst wurde schon erwähnt. Er wird, im Gegensatz zum weinorientierten unterfränkischen Durst, mit Bier bekämpft. Leider ist aber auch hier die Artenvielfalt im Schwinden, das heißt, immer mehr kleine Brauereien werden von immer weniger großen geschluckt, was der Qualität des Bieres nicht immer wohlbekommt. Daß eine Gastwirtschaft wie die genannte »Theta« (oder zu meiner Zeit der »Bauernwärtla«) sein eigenes Bier nur für den Hausge- und -verbrauch braut, ist selten geworden. »Meisel« ist der Globalisierer, aber das Bier ist trotzdem trinkbar. Kleine Brauereien sind »Klenk« und »Schinner«, die sich grad noch halten, und sozusagen von Hand braut der älteste und heute kleinste Bräu, der »Becher« in der Altstadt.

Nicht im engeren Sinn zu Bayreuth gehörend, im Geist aber nahe, ist ein kulinarisch-gastronomisches Weltereignis: »Pflaums Posthotel« in Pegnitz (ca. zwanzig Kilometer südlich der Stadt gelegen). Um das Lob dieses Etablissements, das geheimnisvollerweise trotz hoher, ja höchster Küche auch ein echtes fränkisches Wirtshaus geblieben ist, in angemessen hymnischer Weise zu singen, müßte ich ein eigenes Buch schreiben: ›P.P.P. für Anfänger‹, und ich glaube sogar schon zum zweiten Band ›P.P.P. für Fortgeschrittene‹ in der Lage zu sein. Im P.P.P. pflegen Plácido Domingo, James Levine, die Begum und so fort abzusteigen. Die einzelnen Zimmer und

Suiten sind feen-, märchen- oder aber weltraumhaft eingerichtet, zur Festspielzeit bringt ein Oldtimer-Bus die Gäste zur Aufführung und holt sie wieder ab. Nicht genug damit, veranstalten die Pflaums (Andreas, der Manager, und Hermann, der Koch,) auch selber kleine Festspiele. Wer ›Pflaums Posthotel‹ nicht kennt, dem macht (um ein Goethewort abzuwandeln) das Frankenland kein Bild in der Seele.

*

Um die Liste der sehenswerten Gebäulichkeiten Bayreuths einigermaßen vollständig zu machen, müssen wir noch zwei Kirchen erwähnen: die weithin sichtbare spätgotische Stadtpfarrkirche Hl. Dreifaltigkeit (solange sie katholisch war, bis 1614 also, St. Maria Magdalena, heute kurzweg Hauptkirche genannt) mit ihren zwei, hoch oben durch einen Balkon verbundenen Türmen und die 1748/50 nach den Plänen Saint-Pierres in der Häuserfront der unteren Maxstraße errichtete Spitalkirche mit ihrer reich gegliederten Sandsteinfassade.

Zu erwähnen wäre noch, daß die Friedrichstraße mit den vielen einheitlichen oder doch vielfältigen Beamten- und Cavaliershäusern ein stilrein erhaltenes Beispiel planmäßigen Städtebaus des 18. Jahrhunderts ist.

Ein Wagner in Bayreuth

Kommt man zum ersten Mal nach Bayreuth, so vermißt man – je nachdem – an der Autobahn-Ausfahrt oder am Bahnhof das Posaunenquartett, das etwa ›Weither, traun, kamst du daher‹ bläst. Man findet zwar eine Richard-Wagner-Straße, muß jedoch feststellen, daß die Bayreuther durchwegs *nicht* in Felle gekleidet sind und die Polizisten keine Helme mit Stierhörnern tragen. Auch sieht man keinen weithinragenden Felsen mit einem überlebensgroß eingemeißelten Wagner-Relief. Es mag manchen Wagnerianer enttäuschen: trotz des stilistisch schwer einzuordnenden Festspielhauses (es steht etwas außerhalb der Stadt, auf dem sattsam bekannten Grünen Hügel, gleich neben der Irrenanstalt) und trotz der geschmacksneutralen Villa Wahnfried hat der Wagnerianismus den barocken Charakter der Stadt unangetastet gelassen. Man kann es auch so sagen: Richard Wagner hat in Bayreuth gelebt, er ist sogar dort begraben. Die Markgräfin Wilhelmine aber, die schon viel länger tot ist, die ist das lebendige Bayreuth.

Die Festspielgäste überziehen lediglich zur Festspielzeit das eigentliche Bayreuth wie eine vorübergehende, ungefährliche Epidemie von Blattläusen, die mit dem letzten Takt ›Parsifal‹ spurenlos verschwindet.

Die ersten Anzeichen dieser Epidemie zeigen sich alljährlich so im März.

Ist der Bayreuther Fasching vorbei – eine müde Nachahmung des Münchner Faschings, ein Zeugnis des matten oberfränkischen Humors –, und wird es Frühling, so tauchen mit den ersten Blumen im Kräutergärtlein der Markgräfin Wilhelmine (das heute noch hinter dem Schloß gepflegt wird) in den Auslagen die ersten Wagner-Bilder auf. Das rollt dann lawinenartig bis zum Beginn der Festspiele dahin mit Wagner-Kissen, Wagner-Würsten, Wagner-Bier, Wagner in Marzipan oder in Schweinefett, in Alabaster, als Henkelkrug oder in den Bettvorleger gewirkt, mammutgroß bis läuseklein. Es ist der übliche Andenkenrummel. Ein Unikum dürfte allerdings eine in Bayreuth erhältliche Bürste sein, deren Borsten so zugeschnitten sind, daß sie, von der Seite betrachtet, das Profil Richard Wagners ergeben. Ich weiß nicht, wie lange es dauern wird, bis die Stadtverwaltung diese Anregung aufgreifen und die Bäume am Grünen Hügel wagnerartig zustutzen wird.

So leise, wenn auch ebenso zwangsläufig, sind wir nun mit diesem Büchlein von ›Bayreuth‹ zu ›Wagner‹ gekommen.

Wie kam aber Wagner nach Bayreuth? Ich meine das jetzt nicht verkehrstechnisch. Dazu wäre nämlich zu sagen, daß man mit dem Auto gut nach Bayreuth kommt, denn Bayreuth liegt an der Autobahn Nürnberg-Berlin mit drei Ausfahrten. Mit der

Bahn kommt man sehr schlecht dorthin, das haben wir schon gesagt, keine einzige Schnellzugstrecke führt hier vorbei. Die nächsten Schnellzugstationen sind Nürnberg und Weiden. Von dort aus muß man den Personenzug benützen. Mit dem Flugzeug kommt man so gut wie gar nicht nach Bayreuth, obwohl ein Acker in der Nähe von Bindlach zum Flughafen erklärt worden ist. Es können dort jedoch nur so winzige Flugzeuge landen, daß diese in der Regel zu schwach sind, um den nächsten größeren Flughafen zu erreichen. Deswegen dirigierte auch Karajan nicht in Bayreuth. Zu sagen bliebe vielleicht, daß die Bayreuther Wasserstraße, der Rote Main – man übersieht ihn leicht, am besten läßt man ihn sich von einem Heimatkundler zeigen –, selbst für Faltboote nicht schiffbar ist. Wie kam nun Wagner nach Bayreuth?

1864 hatte ihn sein Gönner, König Ludwig II. von Bayern, nach München berufen. In München sollte ein Festspielhaus für Wagners Monumentalopern entstehen. Die Pläne fertigte Gottfried Semper an, Revolutionsgefährte Wagners von 1848 in Dresden her. Damals hatte Semper die Barrikaden entworfen. In der offiziellen Wagner-Historiographie heißt es, die Münchner hätten das Genie Wagners nicht erkannt. Das Gegenteil stimmt. Die Stadt München, wobei selbstverständlich dem einfachen Höfbräuhausbürger völlig gleichgültig war, ob Wagner in München blieb oder nicht, war außerordentlich an den Plänen Wagners interessiert. Nur erregte Wagner seinerseits mit seiner schamlosen Geldgier, seinem Neid auf alle anderen Musiker und dadurch, daß er sich mit der Affäre Cosima unmöglich gemacht hatte, den Unwillen auch der Wohlmeinendsten. Der blamierte Wagner zog sich schmollend in die Schweiz zurück und schrieb dort die ›Meistersinger‹, das einzige seiner späteren Bühnenwerke, also derer, die er gelten ließ (und in Bayreuth aufgeführt werden), das er – zumindest in der Entstehungsphase – als ›Oper‹ bezeichnete. Es ist auch das einzige dieser Werke, das ohne Mystik, Götter, Heroen, Liebestränke und Drachen auskommt. Ganz eingefleischte Wagnerianer betrachten es daher, auch weil ein ohrwürmiger Walzer drin vorkommt,* als nahezu eine Operette, als ›Nürnberger Blut‹ sozusagen. Wohl nur die unsäglichen Deutschtümeleien (besser ›Teutschthümeleien‹) in Sachs' finaler Ansprache retten das Werk in den Augen jener, wie ich sie nenne, »Unbeschuhten Wagnerianer«.

Dies ›Nürnberger Blut‹ wies schon eindeutig nach Franken. Frank und frei ist das gleiche, sagte Wagner und leitete in bündiger Etymologie die Bezeichnung Franken von ›die Freien‹ ab. In Wirklichkeit ist es umgekehrt. Inzwischen hatte Wagner auch von dem damals unbenutzt stehenden markgräflichen Opernhaus in Bayreuth gehört. Am 16. April 1871 betrat das Hohe Paar, Richard und Cosima, die Stadt zum ersten Mal. Das markgräfliche Opernhaus war zwar eine Enttäuschung. Es war zu klein. Das ganze deutsche Volk (für das die Festspiele ja gedacht waren) hatte da unmöglich Platz, und die Rokoko-Atmosphäre war mit den Lindwürmern und den Riesen des ›Ringes‹ unvereinbar. – Freilich gab es damals die gleicherweise geniale wie bezaubernde Bearbeitung des ›Ringes‹ für Kammerorchester von Theoderich Lindenschmit noch nicht. Lindenschmit setzte das Wagner-Orchester auf die mittlere Besetzung

---

* Ansonsten verabscheute Wagner den Dreiviertel-Takt als undeutsch. Noch Richard Strauss konnte einer Sängerin, die den häufigen Taktwechsel in der ›Salome‹ beklagte, antworten: »Ja, gelln'S, ein Genie müßt ma sein und den ganzen ›Lohengrin‹ im Vierviertaltakt schreiben können.«

einer Bach-Kantate herab. Dadurch, daß er langweilige Stellen – etwa die zweimal drei endlosen Rätselerzählungen im ›Siegfried‹ – gleichsam teleskopisch zusammenzog und gleichzeitig singen ließ, verkürzte er nicht nur das Werk, sondern bereicherte es auch um Ensembles. Es ist schade, daß diese Fassung so selten gespielt wird. Durch die musikalische Bearbeitung, durch behutsame Retuschen an der Handlung und die Übersetzung des Textes in gereimtes Italienisch werden aus Wagners penetrant moralisierenden Papierhelden nicht unelegante Wesen von transparenter Realität. Wer einmal Wotans Abschied in dieser Fassung gehört hat –

> Addio mia figlia
> di fuoco lo stral
> tu del mio cuor
> tesoro immortal
> Addio, addio ...

– oder den Einzug der Götter in Walhall für Blockflöte mit Continuo, muß erkennen, daß Wagners Musik so schlecht nicht ist. – Ebenso, wenn auch in ganz anderer Weise beeindruckend, ist die Bearbeitung von ›Siegfrieds Trauermarsch‹ für Akkordeonorchester, die beim Niederdeutschen Gau-Akkordeon-Treffen 1954 in Unna in Westfalen aufgeführt wurde. – Eine Umdeutung ganz anderer Art, deren Wirkung unabsehbar und vielleicht die optische Realisation gewesen wäre, die Wagners

Vorstellungen am meisten entgegengekommen wäre, wären die Pläne eines leider zu früh verstorbenen Mannes gewesen, der eher durch Irrtum im Jahre 1962 Bayreuth besuchte: Walt Disney. Er wollte den Ring in ungekürzter Fassung als vierabendigen Trickfilm realisieren. Mickey Mouse war für den Siegfried vorgesehen, Goofy für Hunding, Donald Duck für den Wotan, Daisy für die Brünnhilde. Man stelle sich allein den Drachenkampf mit Mickey Mouse vor! Der Tod Walt Disneys verhinderte die Ausführung des Unternehmens.

Was bewog aber nun Wagner, trotz der Enttäuschung über das markgräfliche Opernhaus, in Bayreuth zu bleiben? Hier, so steht groß über der Tür von Wahnfried eingegipst, fand Wagners Wähnen Frieden. Es hatte aber natürlich auch praktische Gründe. Bayreuth lag im Herrschaftsbereich des Gönners Ludwig, jedoch nicht im eigentlichen Bayern, das Wagner ja verhaßt war, seit er sich dort so übel aufgeführt. Bayreuth lag im fälschlich für frei gehaltenen Franken. Und Bayreuth, die kleine provinzielle Beamtenstadt, die Stadt, die die höchste Vereinsmitgliedschaft pro Kopf der Bevölkerung in Deutschland zählt, in der die Bevölkerung sogar zu spießig ist, um ins Wirtshaus zu gehen – der Telesocke, eine Art Fußwärmer für beide Füße, ein zusammengenähter Zwillingspelzstiefel, ist im Winter der größte Verkaufsschlager in Bayreuth –, Bayreuth, die Spießburg, war wie keine Stadt angetan, des ersten Reichsspießbürgers, Richards, des Genies in Pantoffeln, Wähnen Frieden finden zu lassen. Nebenbei hatte auch vordem schon Wotan dort gewirkt. In der Nähe Bayreuths gibt es ein Nest, das Wohnsgehein heißt – ins Neudeutsche übersetzt – Wotans Gehege. Die Stadt Bayreuth stellte ein Grundstück für das Festspielhaus zur Verfügung. Der Bankier Feustl erklärte, er wolle sehen, was sich mit den Finanzen machen ließe. Nur wenige Tage mehr als ein Jahr nach dem ersten Besuch, am 24. April 1872, übersiedelte Wagner mit Familie von Tribschen in der Schweiz nach Bayreuth. Kurz vorher, am 2. Januar 1872, war die Baugenehmigung für das Festspielhaus erteilt worden. Am 22. Mai 1872 legte Wagner den Grundstein.

Das fertige Festspielhaus ist ein Bau von bizarrer Architektur. Es vereinigt den Charme eines Oktoberfest-Bierzeltes mit der Leichtigkeit eines Gründerzeitbahnhofes. Innen sieht es aus – mit den merkwürdig kulissenhaften Säulenvorsprüngen und den Kugellampen – wie ein französisches Vaudeville-Theater außen. Selbst Wagnerianern ist es gestattet, bei einem kunsthistorischen Vergleich zwischen dem Festspielhaus und dem Petersdom zugunsten des letzteren zu votieren. Aber, und das war eine grandiose Leistung Wagners, die Akustik ist unübertrefflich. Wagner war, ohne das je studiert zu haben und offensichtlich genial-intuitiv ein begnadeter Akustiker; das erweist schon der Walküren-Ritt, in dem er musikalisch den wissenschaftlich damals noch gar nicht genau erforschten Doppler-

Effekt vorwegnahm. Der Klang des so einfach wie raffiniert verborgenen Orchesters, die Mischung von dessen Klang mit den Singstimmen muß selbst denjenigen begeistern, dem sonstiger Weihrauch für Wagners Werke fernliegt.

Schon am 1. Februar 1872 hatte Wagner von zwei Maurermeistern das Grundstück am Hofgarten erworben, wo er sich sein Wahnfried erbauen ließ, das er am 30. April 1874 bezog. Und am 13. August 1876 wurden mit der ersten kompletten Aufführung des ›Rings‹ die ersten Festspiele in Bayreuth eröffnet. Es sollten, nach Wagners ursprünglicher Intention, auch die letzten sein. Ein einmaliges Ereignis, ein einmaliges, nationales Fest für das Volk. Schließlich war Wagner Sozialrevolutionär gewesen. Volksbeglücker. Die Karten sollten kostenlos verteilt werden. Der Deutsche an sich sollte die Vorstellung vom endgültigen Kunstwerk bekommen. Es kam jedoch das geldschwere Großbürgertum, die internationale Schickeria, der Adel bis hin zum Kaiser von Brasilien – das ›Volk‹ war allenfalls als Garderobiere oder Kellner dabei. Franz Beidler, von Mutterseite ein Enkel des Meisters, schrieb 1933 den sicher zutreffenden, Wagners Tragik umreißenden Satz: »... es (d.i. Wagners Werk) mußte sich im Rahmen einer Gesellschaftsordnung durchsetzen, gegen die es gerichtet war.« Denn die von Wagner erhoffte politisch-künstlerische Revolution war ausgeblieben. Zum Glück aber sind Wagners raunende Nibelungen-Verse so dunkel, daß der revolutionäre Inhalt vernebelt ist. Der Kaiser von Brasilien merkte nichts, auch der Deutsche Kaiser nicht. Niemand merkte es, die meisten Wagnerianer merken es bis heute nicht.

Im Übrigen war die Aufführung auch äußerlich für Wagner unbefriedigend. Nichts ging so perfekt, wie es der Perfektionist Wagner wollte. Der Drache wurde erst ganz kurz vor der Generalprobe von London angeliefert und funktionierte nicht richtig. Hans Richter, der Dirigent der Uraufführung, nahm, zumindest nach Wagners Meinung, kein Tempo richtig. War Cosima hinter Richards heftige, die Uraufführung sozusagen flankierende Liebschaft mit Judith Gautier gekommen? Und nicht zuletzt: ein finanzielles Desaster. Das Defizit belief sich auf fast hundertundfünfzigtausend Mark (das dürften nach heutigem Geldwert fünf bis zehn Millionen Euro sein). »Richard sehr traurig, er sagt, er möchte sterben«, schreibt Cosima in ihr Tagebuch.

*

Wagner verbrachte weniger Zeit in Bayreuth, als auf den ersten Blick anzunehmen. Am 27. 4. 1872 zog er, wie erwähnt, ein, Bayreuth blieb bis zu seinem Tod sein sozusagen offizieller Wohnsitz, aber schon 1875, dann wieder 1876 und 1877 war er jeweils ein zusammenhängendes Vierteljahr meist in Italien unterwegs (abgesehen von kürzeren Reisen, die meist dazu dienten, Geld für die Festspiele aufzutreiben), nahezu das ganze Jahr 1880 (vom 31. 12. 1879 bis 17. 11.

1880) verbrachte er mit Familie in Italien, ebenso das erste halbe Jahr 1881. Dort schrieb er den ›Parsifal‹. Am 26. 7. 1882 wurde dieses Werk in Bayreuth uraufgeführt. Das waren die zweiten Festspiele. Kurz nach deren Ende (am 14. 9. 1882) verließ Wagner Bayreuth für immer, kehrte erst als Leiche zurück.

Achtzehn Zimmer mietete Wagner im Palazzo Vendramin in Venedig. Abgesehen von der Familie begleiteten ihn Hauspersonal, Gouvernanten und Hauslehrer für die Kinder, untertänige Freunde. Auch Liszt verbrachte einen Teil des Winters im Palazzo Vendramin. Schwere Wolkenbrüche und darauffolgende Überschwemmungen unterbrachen knapp nach Wagners Ankunft in Venedig die Bahnverbindung. Überhaupt war der Winter verregnet bis auf ein paar schöne Tage, in denen sich aber ein Komet zeigte. Auch andere schreckliche Zeichen erschienen: Molli war während der Festspiele 1882 plötzlich und unerwartet gestorben. Wagner folgte daraufhin einem spontanen Einfall, begab sich, von niemandem im Zuschauerraum bemerkt, vor dem letzten Akt der letzten ›Parsifal‹-Aufführung des Jahres in den Orchestergraben und dirigierte den Akt. Todesahnung, sagte er später – zumindest behauptete das Cosima –, Todesahnung habe ihn umweht. Molli war einer von Wagners Hunden. Als er im Oktober von den anderen Hunden (›Marke‹ hieß einer, der Lieblingshund hieß ›Ruß‹) Abschied nahm, soll er – wieder laut Cosima – gesagt haben, es sei ihm, als sähe er sie nie wieder.

Wagner hatte offenbar nach Vollendung des ›Parsifal‹ keine konkreten musikalischen Pläne mehr. Das ist immerhin merkwürdig bei einem schöpferischen Menschen. Schon 1865 hatte er in einem genauen künstlerischen Zeitplan für die Zeit nach dem ›Parsifal‹ nichts mehr eingeplant außer seinen

›glücklichen Tod‹. Nur gelegentlich äußerte er, wie ernst das gemeint war, weiß man nicht, daß er dann nur noch Symphonien schreiben werde. Es ist schade, daß er dazu nicht mehr gekommen ist: zu Werken Wagnerscher Einfallskraft ohne den störenden Text. Dennoch schrieb Wagner fleißig: Pamphlete. Er hatte schon 1880 eine nicht anders als abstrus zu nennende Schrift ›Religion und Kunst‹ verfaßt und befaßte sich 1883 mit der Abfassung eines Traktates: ›Über das Weibliche im Menschlichen‹. Von den Gedankengängen des Buddhismus und Schopenhauers, die ihn vor dem ›Parsifal‹ bewegten, begab er sich in die Niederungen der Rassenlehre des Grafen Gobineau. Wagners Weltbild, das sich in diesen Schriften manifestierte, ist kurz umrissen dies: Das Weltall hat mit großem Aufwand die Erde hervorgebracht, die Erde gipfelt im Lebewesen, das Lebewesen im Menschen, der Mensch kulminiert im Arier, der Arier sublimste Ausprägung ist der Künstler, der Künste höchste ist die Musik, der Gipfel der Musik ist ... dreimal darf man raten. Wagner hatte im ›Parsifal‹ dargetan, daß sein Dienst an der Kunst nicht Musik war, sondern Weihe. Wagner war Priester. Offenbar kamen ihm in den Jahren nach 1880 Zweifel an dieser Ansicht. Er arbeitete offenbar an der Meinungsbildung, daß er Gott sei.

Am 13. Februar 1883, nachmittags, erlag Wagner einem Herzanfall. Auf seinem Schreibtisch lag das schon erwähnte Manuskript zu dem Aufsatz ›Über das Weibliche im Menschlichen‹. Er hatte daran geschrieben, dann war ihm schwindelig und unwohl geworden. Er schleppte sich vom Schreibtisch zu seinem Sofa und rief nach Cosima. Cosima kam. In ihren Armen starb er. Das Manuskript auf dem Schreibtisch bricht mit zwei abgehackten Wörtern ab, wohl Gedächtnisstützen für die weitere Ausführung: »Liebe – Tragik«. Die Tinte, mit der diese beiden Wörter geschrieben waren, war noch nicht trocken, als Wagner schon tot war. Man hätte es nicht besser erfinden können.

Was in der offiziellen Wagner-Hagiographie ganz verschwiegen wird, ist die Sache Carrie Pringle! Diese amerikanische Sängerin war eins der Blumenmädchen in der ›Parsifal‹-Uraufführung gewesen. Offenbar hatte sich eine Liebesaffaire zwischen ihr und Wagner entwickelt. War das der Grund für Cosima, auf rasche Abreise von Bayreuth zu drängen? Aber Carrie ließ nicht locker. Heimlich folgte sie Wagner nach Venedig. Dort scheint er sie am 12. Februar getroffen zu haben. Cosima kam dahinter oder ahnte etwas, jedenfalls machte sie am Vormittag des 13. Februar einen solchen Krach, daß Wagner sich in sein Zimmer zurückzog und nicht zum Mittagessen erschien. Nachmittags um halb vier Uhr war er tot. Wir wissen um die Sache Pringle von Isolde Wagner. Dr. Keppler, Wagners Arzt in Venedig (der von Carrie Pringle nichts ahnte), stellte fest, daß eine schwere ›psychische Aufregung‹ die medizinische Veranlassung für Wagners letzten Herzanfall gewesen sein muß. Richard und Carrie: »... die Sehnsucht nach dem Tode treibt ihn somit zum Aufsuchen dieses Weibes...« (Richard Wagner 1851 in der Prosaskizze zum ›Fliegenden Holländer‹).

Im Vorgriff auf die Literaturhinweise am Ende dieses Buches sei im Zusammenhang mit den Vorgängen im Palazzo Vendramin auf zwei Arbeiten hingewiesen: auf die meines Wissens dichtestgedrängte literarische Bewältigung des Phänomens Wagner, Roda Rodas Erzählung: ›Die Begegnung Blümelhubers mit Richard Wagner‹ und auf Richard Graf Du Moulin-Eckarts Cosima-Wagner-Biographie. Graf Du Moulin hat es fertiggebracht, eine achtunggebietende drucktechnische Tat, exakt auf Seite tausend des ersten Bandes den Tod Wagners zu beschreiben. ›Des Meisters Ausgang‹ heißt das Kapitel. Was Cosima (Du Moulin: ›Die Dulderin‹) nach des Meisters Ausgang aufführte, war gigantisch. Sie tobte, raste, weinte, schnitt sich die Haare ab, sprang wiederholt in den Sarg, starrte vor sich hin, blickte zum Himmel, duldete, konnte nur mit Mühe davon abgehalten werden, »starke Scheite zu schichten«, außerdem schickte sie an Dr. Adolf Groß (der so etwas wie Justitiar, Assistent in Bayreuth war, sozusagen Wahnfrieds Oberstshofmeister) ein merkwürdig lapidares Telegramm: »Meister verschieden stop kommt sofort.« »Empfindung ist alles«, schreibt Graf Du Moulin, »darüber muß man schweigen.«

Wagner wurde nebst Sterbesofa per Bahn nach Bayreuth gebracht. An der bayrischen Grenze erwartete ein Hofmarschall des Königs den Zug und legte einen Kranz auf den Sarg. Der König selbst kam nicht, auch nicht, als der Zug in München durchfuhr, nicht nach Bayreuth. Wagner wurde in einem Grab im Hofgarten beigesetzt. Das Sofa kam ins Wagner-Museum.

Wagners Grab (später wurde auch Cosima hier beigesetzt) ist selbstverständliches Ziel jedes Festspielgastes. Der Weg zu der großen, dicken Steinplatte, von Efeu überwuchert, ist durch Wegweiser markiert. Zur Festspielzeit stehen Ergriffene oft bis zum Eingang des Hofgartens Schlange. Nicht nur das Grab, auch die Wegweiser sind zu diesen Zeiten mit Blumen geschmückt. Auch das kleine Grab von Wagners Lieblingshund (›Hier ruht und wacht Wagners Ruß‹) wird nicht vergessen.

Danach vielleicht, im Herbst, wenn es ganz still ist in diesem selten schönen Park mit den hohen Bäumen, wenn nahe dem Grab die großen Tritonen der Markgräfin Wilhelmine marmorn und heiter sich im Wasser spiegeln, wo die ersten gelben Blätter schaukeln, die ein stummer Schwan zerteilt, dann vielleicht hat Wagners schweres Wähnen wirklich Frieden gefunden. Es sei ihm gegönnt, ihm und seinem Ruß.

Wagnerianer und Wagnerianismus

Richard Wagner ist einer der größten Komponisten, die die Musikgeschichte kennt. Es mag sein, daß manche Äußerung auf den hier vorangehenden Seiten (und auch auf den folgenden) den Eindruck erwecken, der Verfasser sei ein »Anti-Wagnerianer«, er hasse und verkenne damit die Musik und die Bedeutung Wagners. Nichts wäre falscher. Ich schreibe es nochmals hin: Richard Wagner ist einer der größten Komponisten, die die Musikgeschichte kennt. Wenn ich meine vierundzwanzig Erzengel der Musik aufzähle, eine Aufzählung, die mit Bach beginnt und mit Ravel vielleicht nicht endet, ist Richard Wagner ohne jede Frage dabei – und selbst dann ist er dabei, wenn ich die vierundzwanzig Erzengel auf zwölf reduzieren müßte. Bei sechs Erzengeln allerdings, würde er bei mir durchs Raster fallen – aber soweit lasse ich es nicht kommen, denn, in der Tat, ein musikalisches Leben ohne die Musik Richard Wagners ist für michт nicht vorstellbar.

Nun gibt es aber Leute, namentlich unter denen, die den »Goldenen Schließmuskel« tragen, (und leider nicht zu wenig, wie ich erfahren mußte), denen eine Ansicht wie die meine, so lobend und verehrend sie gemeint ist, ein Dorn im Auge ist.

Richard Wagner nur als einen unter vierundzwanzig der größten Komponisten zu betrachten, ist in den Augen dieser, wie ich sie nenne, »Unbeschuhten Wagnerianer« oder »R.W.-Fundamentalisten«, häretisch und absolut verdammenswert. Wagner als den größten Komponisten zu betrachten, reicht auch nicht. Wagner ist in ihren Augen der Einzige ...

Wagner selber, so selbstverliebt er war, hätte solche Ansicht nicht gebilligt. Er kannte und anerkannte Mozarts göttliche Genialität, die Größe Beethovens und Bachs, er liebte Weber und Rossini, er bewunderte Bellini. So ist in Cosimas ›Tagebüchern‹ nachzulesen, daß Wagner, der oft zu seinem und seiner Familie Vergnügen am Flügel spätnachmittags oder abends phantasierte, dabei nicht selten Stücke aus Bellinis Opern spielte. 1839 schrieb er in Paris eine Einlagen-Arie für Bellinis ›Norma‹: ›Norma il predisse‹ – sicher nur eine Auftragsarbeit, die Wagner, damals in entsetzlich schwierigen finanziellen Verhältnissen, aus Geldverlegenheiten angenommen hat, die dann auch gar nicht gesungen wurde, aber die Art, wie Wagner in dieser Arie den Gestus, die musikalische Identität Bellinis sich zu eigen gemacht hat, zeigt, daß der dem Geist dieser großen Belcantisten freundlich gesinnt gewesen sein mußte. Wie sehr Wagner Rossini schätzte und verehrte, geht aus dem überlieferten Gespräch hervor, das der junge Wagner um eben diese Zeit mit dem (gar nicht so alten aber natürlich älteren) Rossini in Paris geführt hat.

Nein, mit ihrer fundamentalistischen Meinung sind die »Unbeschuhten« päpstlicher als der Papst.

Und es ist ja bekannt, daß man im Vatikan gar nicht so päpstlich ist. Es ist sogar die Frage, ob man im Vatikan, im Cardinalskollegium, in den Tiefen der Katholizität überhaupt noch eigentlich katholisch ist. Ich hatte oft den Eindruck, daß die katholische Lehre im Vatikan nicht geglaubt, sondern dort nur verwaltet wird. So wie in der Bank das Geld den Bankern auch nicht gehört – und ähnlich ist es mit dem wagnerischen Vatikan: dort darf man über Wagner Witze machen, und Wolfgang Wagner, der Chef, macht die besten. Das hat er übrigens von seinem Großvater. Wenn man gewillt ist, kein, aber auch wirklich kein gutes Haar an dem alten Richard zu lassen (wovon ich, um es nochmals einzuflechten, weit entfernt bin), muß man ihm zwei sympathische Züge lassen: seine nachgerade rührende, auch tätige Tierliebe, die er unter anderem durch sein deutliches Eintreten gegen Tierversuche und Vivisektion bekundete, und seinen Humor, der ihn erfrischenderweise nicht einmal vor schlechten Witzen zurückschrecken ließ.

Bayreuth, als das Festspiel, ist auch nicht zuletzt ein Ort ausgreifender Garderobe und des Schmuckbehanges. Von korsettgepanzerter Walküren-Couture bis zu bestechend freilüftiger Damenoberbekleidung (gelegentlich so freilüftig, daß das Fehlen jeglicher Damenunterbekleidung manifest ist) ist alles an Festival-Outfit vertreten, und es hat einmal einer, vielleicht während der auch für Wagnerianer etwas zähflüssigen Rätsel-Erzählung in ›Siegfried‹

errechnet, daß der gesamt Gold- und Edelsteinbehang der Festspielbesucherinnen bei einer normalen Aufführung dem Gegenwert eines Airbus 300, bei der Festspieleröffnung und Premieren dem eines Jumbo-Jet entspricht. Dem haben männliche Festspielbesucher außer Rolex-Uhren im Grunde genommen nur das Bundesverdienstkreuz entgegenzusetzen, weswegen manche zusätzlich zum Kreuz oder an dessen Stelle den erwähnten »Goldenen Schließmuskel« (es kursiert auch ein noch deftigerer Ausdruck dafür) am Revers tragen. Das ist ein kleines, goldenes Ansteckringlein, das den Träger als Mitglied des Ordens »der Freunde Bayreuths« aufweist.

Aber gerechterweise muß man sagen, daß längst nicht alle Träger dieses goldenen Ringleins im Charakter dem Spitznamen desselben entsprechen, im Gegenteil, und daß dieser Verein, dem übrigens jeder beitreten kann, wirklich große Verdienste um die Festspiele aufzuweisen hat. Gewisse Vorteile bei der Kartenvergabe, geringe solche, sind damit verbunden. Bei den Bratwurstständen in den Pausen wird man aber nicht bevorzugt abgefertigt.

Zurück aber zu den »Unbeschuhten Wagnerianern«, den »R.W.-Fundamentalisten«, den »Heiligen Kriegern des Musikdramas«. Deren Haupt-Mullah ist Wolfgang Wagner keineswegs. Ich habe das Gefühl, daß er, wenn er nicht Wagner hieße und ein Wagner wäre, wegen leitmotiv-häretischer Haltung exkommuniziert würde. Die »Unbeschuhten

Wagnerianer« lassen nur die Musik Wagners gelten, sind taub für alles andere und erklären, zum Beispiel, daß Wagners Texte »immer noch nicht bis in ihre ganze Tiefe ausgelotet sind«. Dabei sollte jeder Wagner-Freund ängstlich vermeiden, Wagner-Texte auszuloten.

Aber diese »Unbeschuhten Wagnerianer« bringen sich nicht nur um den Genuß der Musik Mozarts oder Verdis, sie verkennen, geblendet durch ihre Verehrung, auch den wahren Wert Richard Wagners, der dadurch, daß man ihn in Reihe und Kontext mit anderen Erzengeln der Musik stellt, nicht verliert sondern gewinnt. Wagner war ein Vollender. Das heißt nicht, daß die Werke seiner Vorgänger von Bach bis Weber und Liszt unvollkommen wären, aber er hat Wege schonungslos zu Ende beschritten, die seine Vorgänger angedeutet, gewiesen haben. Er hat damit aber auch die Musik, wie er sie verstand, letzten Endes ad absurdum geführt, und zwar nicht erst mit dem ›Ring‹ und ›Parsifal‹ sondern schon mit ›Tristan‹, eigentlich dem ›Tristan‹-Vorspiel. Es ist hier nicht der Ort und der Raum, die Bedeutung des ›Tristan‹-Akkordes und alles dessen, was darum herum ist, auszubreiten. Das ist außerdem mit Geschick und Geist schon oft geschehen. Nur soviel: Wagner hat das, was Bach in seinen ›Goldberg‹-Variationen ins Rollen gebracht hat, aufgenommen und ... ja: verbraucht. Wagner war damit eine säkulare Erscheinung, ein Koloß, an dem keiner, der nachfolgte, herumkam. Ob Wagner aber erkannt hat, daß er gleichzeitig die Musik, wie er sie sah, in eine Sackgasse geführt hat, ist mir nicht klar. Der von ihm geprägte und oft mit ihm in Zusammenhang gebrachte Begriff der »Zukunftsmusik« wird immer falsch verstanden. Wagner hat damit nicht gemeint, daß künftige Komponisten so zu komponieren haben, wie er – er hat schlichtweg angenommen, daß es in Zukunft keine andere Musik geben könne. Daß ein Ravel und ein Stravinsky Umwege um sein Werk, um diesen Koloß finden würden, konnte er nicht ahnen, und das war ja schließlich nicht seine Sache.

Anders verhält es sich mit seinen Texten. In der Venusgrotte seines königlichen Freundes, Bewunderers und Gönners Ludwig, die dieser als bewußte Illustration zum ›Tannhäuser‹ neben Schloß Linderhof bauen hat lassen, ist aller Fels aus Pappmachée, das Wasser wird mit Maschinen hineingepumpt, das romantisch-feenhafte Licht erzeugten die damals allerneuesten, modernsten Siemens-Elektromotoren. Romantik mittels Technik auf neuestem Stand. Und das ist auch Wagners musikdramatisches Problem: Mittelalter, germanische Vorzeit, Urtümlichkeit, keltengraue Vorwelten, Helden und Götter – und das alles mittels raffiniertester Instrumentationstechnik, modernstem Instrumentenbau, ausgefeilter Akustik und – nicht zuletzt! einer Instrumentationskunst des Meisters, die auf bis dahin nie erreichter Höhe und Originalität stand. Wenn selbst beim Bewunderer Wagners Unbehagen heranschleicht, liegt es darin, in dieser geistigen Inkongruenz. Bezeichnend, daß dieses Unbehagen verschwindet, wenn die reinen Orchesterstücke hervorleuchten: der ›Rheingold‹-Anfang, das Waldweben, der Feuerzauber, Siegfrieds Rheinfahrt. Ich glaube, daß Debussy das gemeint hat mit dem Satz, den ich oben zitiert habe.

Aber es versöhnt ja ohnedies, daß auch bei Wagner wie bei aller Vokalmusik der Text nur zu einem Viertel zu verstehen ist. Gute Regisseure sollten darauf achten, daß das nicht gerade das schlimmste Viertel ist.

Und, merke! Richard Wagner gehört ganz unbestreitbar zu den vierundzwanzig Erzengeln der Musik, ohne deren Werke kein musikalisches Leben wäre.

Mehrere Wagner in Bayreuth

Bis zu seinem Tod leitete selbstverständlich Wagner die Festspiele, es gab ja, wie gesagt, nur zwei zu seinen Lebzeiten. Danach übernahm Cosima mit resoluter Hand das Regiment. 1896 durfte dann ihr Sohn Siegfried Wagner (genannt Fidi) mitdirigieren. Nach den Festspielen 1906 übertrug Cosima ihrem Sohn offiziell die Leitung. (Es fanden längst nicht alle Jahre Festspiele statt, nach Wagners Tod 1883 und 1884 nur mit ›Parsifal‹, dann in den vierzig folgenden Jahren nur achtzehn, von 1924 ab bis 1944 sechzehn Festspielsommer; erst ab 1951 gibt es die Festspiele alljährlich.)

Fidi war übrigens selber Komponist, und gar kein schlechter. Seine Mutter hielt große Stücke von den Werken ihres Sohnes, allerdings nicht so große, daß sie sie in Bayreuth hätte aufführen lassen. Bayreuth sollte dem »heiligen Werke«, dem »hehren Heiligthume der Werke des Meisters« vorbehalten bleiben. Fidi hatte offenbar zeit seines Lebens und sogar die wenigen Monate, die er sie überlebte, unter der Fuchtel seiner Mutter gestanden. Die Photographien und Portraits, die wir von ihm kennen, zeigen einen weichen, liebenswürdigen Mann, der stets, wie ein Halskorsett, einen außerordentlich hohen, steifen Kragen trug. Hatte er diesen Halt nötig? Die äußerliche Ähnlichkeit Fidis mit seinem Vater war groß und unverkennbar. Im Wesen sei er allerdings ganz anders gewesen: ein Cavalier wie sein Großvater Franz Liszt.

Abgesehen von einer Siegfried Wagner-Straße findet sich in Bayreuth an sichtbaren Spuren von Fidi nur ein Zyklus von Gemälden eines mir nicht bekannten Kleinmeisters im Flur des Restaurants »Eule«. Die Gemälde stellen Kernszenen aus Fidis Opern dar: ›Der Bärenhäuter‹, ›Herzog Wildfang‹, ›Sternengebot‹, ›Schwarzschwanenreich‹, ›An allem ist Hütchen schuld‹. Die Opern – heitere Märchenopern in der deutschen Singspieltradition, nicht umsonst war Fidi Schüler Engelbert Humperdincks – waren seinerzeit außerhalb Bayreuths erfolgreich. Eine der letzten Aufführungen einer Siegfried Wagner-Oper vor seinem Verschwinden aus dem Repertoire und seiner Wiederentdeckung in den neunziger Jahren war die der ›Andreasnacht‹ in Berlin 1944, die erste Regiearbeit von Fidis jüngerem Sohn Wolfgang. Fidis Halbneffe, Gilbert Graf Gravina, hat sich nach dem Krieg für Siegfried Wagners Werk eingesetzt. Inzwischen gibt es sogar eine Siegfried Wagner-Gesellschaft, die unter der Hand bei den Bayreuther Festspielen bescheidene Propaganda für Siegfrieds Werk betreibt, was aber natürlich von den praktizierenden Wagnerianern als schiere Obstruktion betrachtet wird. Inzwischen gibt es eine ganze Reihe von CDs mit Werken Siegfrieds: einige Tondichtungen (›Glück‹, ›Sehnsucht‹), die Symphonie in C-Dur, und dank des unermüdlichen Einsatzes des Regisseurs Peter P. Pachl, der auch eine Siegfried Wagner-Biographie geschrieben hat, wurden einige seiner Opern produziert; allerdings nicht in Bayreuth. 1972 wurde – mit Sitz in Bayreuth, Jahnstraße 9a, die erwähnte ›Internationale Siegfried Wagner-Gesellschaft e. V.‹ gegründet, die sich für die Verbreitung der Werke Siegfried Wagners einsetzt; Präsident ist der Dirigent Prof. Werner Andreas Albert, Vizepräsident der eben genannte Regisseur Prof. Dr. Peter P. Pachl. Die Arbeiten sind erstaunlich. Selbstverständlich verleugnet auch darin Fidi, wie in seiner äußeren Erscheinung, den Vater nicht, aber die Musik ist frisch, elegant und übersprühend von Einfällen. Fidi, das scheint nach Kenntnis dieser Werke festzustehen, konnte Richard Strauss das Wasser reichen, und eine Behauptung, daß Fidi der beste Komponist unter den Wagners war, würde ich als Kuriosität hinnehmen.

Fidi – mit vollem Namen Siegfried Helferich Richard – ist am 6. Juni 1869 in Tribschen bei Luzern geboren. Bei seiner Geburt hieß er noch ›von Bülow‹, und das war so eine Sache, die dem armen Fidi bis in seine späten Jahre keine Ruhe ließ. Cosima, die Tochter Franz Liszts und der Gräfin Marie d'Agoult, hatte 1857 den jungen Dirigenten, Komponisten und glühenden Wagnerianer Hans Guido Freiherr von Bülow geheiratet. 1864, nachdem Ludwig II. Wagner nach München geholt und die Uraufführung des ›Tristan‹ verfügt hatte, wurde Bülow mit der Einstudierung dieser Uraufführung betraut. Bülow übersiedelte mit Frau Cosima und zwei kleinen Töchtern Daniela Senta (genannt Lulu) und

Blandine (genannt Boni, später verheiratete Gräfin Gravina und Mutter des oben erwähnten Grafen Gilbert) nach München, wo Cosima den Meister kennen und sogleich lieben lernte. Am 10. April 1865 brachte Cosima eine Tochter Isolde zur Welt, die zwar ›von Bülow‹ hieß, aber... Was sich damals abgespielt hat, ist nie geklärt worden. Bülow war ein vornehmer Mann und schwieg. Wagner und Cosima redeten zwar, aber vornehmlich von ›Schatten‹, ›Geschick‹, ›Umdüsterung‹, ›Entsagung‹ und dergleichen. Wagner erregte deswegen den Unwillen Ludwigs II., aber nicht, weil Ludwig Anstoß daran genommen hätte. Ludwig wollte lediglich dem Reden und Raunen entgegentreten, das wegen Richard und Cosima entstanden war, und das wagnerfeindliche Kreise natürlich zum Anlaß nahmen, gegen den Meister zu stänkern. – Bitte, sagte Ludwig zu Wagner, mir ist es gleich, mit wem Sie schlafen, sagen Sie mir nur: Stimmt es oder stimmt es nicht? (Dieses hier skizzierte Gespräch im Wortlaut ist nicht historisch, hat aber so etwa stattgefunden, was sich aus den erhaltenen Korrespondenzen belegen läßt.) Majestät, sagte Wagner, es stimmt nicht. Ehrenwort? sagte der König. Ehrenwort! sagte Wagner. Der König schrieb darauf einen öffentlichen Brief, der in den Zeitungen abgedruckt wurde – ein Vorgang von unerhörter Schärfe – und in dem sich Ludwig mit der ganzen Macht des königlichen Wortes für die Unbescholtenheit Wagners verbürgte. Als sich dann keine drei Wochen später herausstellte, daß das Reden und Raunen um Richard und Cosima doch stimmte, war der König natürlich bis auf die Knochen, noch dazu in aller Öffentlichkeit, blamiert. Man hätte es dem König wohl nicht verdenken können, wenn er den Meister wie eine heiße Kartoffel hätte fallen lassen. Der König aber bewies Größe: er differenzierte. Zu Wagner als Künstler stand er nach wie vor ohne Einschränkung. Mit dem Menschen Richard wollte er nichts mehr zu tun haben. Zur Uraufführung des (ihm gewidmeten)

›Rings‹ erschien er und doch nicht: er fuhr nachts nach Bayreuth, stieg nicht am Bahnhof, sondern auf freier Strecke aus dem Zug, wohnte inkognito den Generalproben bei und reiste so heimlich ab, wie er gekommen war. Zum ›Parsifal‹ erschien der König überhaupt nicht mehr.

Warum Wagner den König anlog, ist, da es ihm nicht geschadet hätte, die Wahrheit zu sagen, schwer verständlich. Es ist nur mit dem lebenslangen Bemühen des verkappten Bohemiens zu erklären, bürgerliche Tadellosigkeit zu demonstrieren.

Wagner ging nach Tribschen, Cosima folgte heimlich, kehrte heimlich zu Bülow zurück, brachte am 17. 2. 1867 eine weitere Tochter, Eva Maria, zur Welt, kehrte offen zu Wagner zurück, dessen erste Frau, von der er längst getrennt lebte, inzwischen gestorben war. In Tribschen kam dann, noch vor der Scheidung Bülows von Cosima, Fidi zur Welt. Erst 1870 heirateten Wagner und Cosima. Auch Bülow heiratete später wieder. Als 1876 gefragt wurde, warum er denn nicht zu den Festspielen nach Bayreuth komme, antwortete er: »Dann nimmt mir womöglich Wagner die zweite Frau auch weg, und gibt mir die erste zurück.«

Wieweit sich künstlerische Probleme mit sozusagen gynäkologischen überlappen können, zeigen Vorfälle oder besser ein Vorfall aus der Zeit nach des Meisters Tod: der sogenannte Beidler-Prozeß.

1906 hatte, wie erwähnt, Cosima ihrem Sohn Fidi offiziell die Festspielleitung übertragen. Fidi war siebenunddreißig Jahre alt und unverheiratet. Es erhob sich die naheliegende Frage, wer fürderhin und dermaleinst des Meisters heiliges Erbe wahren solle. Die beiden älteren Töchter Cosimas, Lulu Thode und Boni Gräfin Gravina, kamen als unbezweifelbare Bülows nicht in Betracht. Eva Maria heiratete den professionellen Antisemiten Houston Stewart Chamberlain, tat aber nichts, um die nordische Rasse zu vermehren – sie hatte keine Kinder. Es blieb Loldilein, Isolde also, die mit einem gewissen Herrn Beidler verheiratet war und einen Sohn Franz hatte. Herr Beidler, ein eher glückloser Kapellmeister, der gelegentlich in untergeordneten Aufführungen in Bayreuth dirigieren durfte, machte nun namens des kleinen Franzi Rechte auf die Thronfolge geltend.

Nun möchte man meinen, Cosima wäre froh gewesen, mit dem Franzi Beidler einen echten Enkel des Meisters zu haben. Weit gefehlt. In der Hohen Frau, wie sie in Bayreuth hieß (Toscanini nannte sie anders: Die Nase, wegen ihres am meisten hervorstehenden Körperteils), in der Hohen Frau wob Geschäftstüchtiges, Erhabenes, Mystisches und notabene Neckisches in unberechenbaren Seelenwallungen hin und her. Sie verzieh Isolde die entlarvende Geburt damals, 1865, nie. Sie mochte Loldi nicht. Loldis Sohn als Herr in Wahnfried? Nie und nimmer. Es kam zum Prozeß. Die Hohe Frau scheute sich nicht, hinzugehen und einen Offenbarungseid zu leisten: Sie habe vor Loldis Geburt nie mit Wagner geschlafen, so wahr ihr Gott helfe. So flog Franzi Beidler aus der Erbfolge, und etwa gleichzeitig (1914) kam der rettende Engel für den Fortbestand der Dynastie nach Bayreuth, eine junge Engländerin, Miß Winifred Williams, Ziehtochter des Berufswagnerianer-Ehepaars Klindworth, und der inzwischen sechsundvierzig Jahre alte Fidi tat das, was niemand mehr zu hoffen gewagt hatte: er heiratete diese Dame 1915. 1917 kam Wieland Wagner zur Welt, 1919 Wolfgang. Das Vaterland war gerettet. Nun muß man Cosima Wagner trotz aller ihrer Schrullen und Verklemmtheiten, ihrem Adelstick, zugute halten, daß es ohne sie die Festspiele heute nicht gäbe. Auch eine gewisse Größe muß man ihr ohne Zweifel zubilligen – und die große Nase hatte sie von ihrem Vater Liszt.

Siegfried Wagner starb während der Festspiele 1930, weniger als ein halbes Jahr nach seiner Mutter. Die resolute Winifred übernahm die Leitung und schaltete 1933 Bayreuth mit den Nazis gleich. Winifred war eine Duzfreundin Hitlers. Der Führer kam, Toscanini ging.

Houston Stewart Chamberlain, der ein unglaublich wirrer Geist gewesen sein mußte, war der Sohn eines englischen Admirals, konvertierte aber zum Teutschthum und schrieb Sachen wie: ›Indoarische Weltanschauung‹, ›Deutsches Wesen‹ und Theaterstücke, darunter ›Immanuel Kant‹ und ›Goethe‹. Sein Hauptwerk war das Buch ›Die Grundlagen des XIX. Jahrhunderts‹, in dem er die Überlegenheit der arischen Rasse, die Minderwertigkeit der Juden postulierte. Er stand im Briefwechsel mit Kaiser Wilhelm II. Die größenwahnsinnige Politik Wilhelms, die schließlich zum Ersten Weltkrieg führte, war letzten Endes auf das zurückzuführen, was Chamberlain dem Kaiser ins Ohr blies. Im Ersten Weltkrieg verfaßte Chamberlain hetzerische, antienglische Kriegsschriften von unterstem Niveau. Nebenbei aber war er ein passionierter Sterngucker. In seiner Villa am Hofgarten in Bayreuth hatte er auf dem Dachboden ein Teleskop montiert, mit dem er in der Nacht die Sterne beobachtete. Vor dem Krieg interessierte das niemanden, im Krieg fiel das jedoch einem übereifrigen Polizisten auf. Und Chamberlain wurde verhaftet – als englischer Spion. Ausgerechnet er! Er saß zwar nur eine Nacht, dann klärte sich selbstverständlich alles auf. Entschuldigung der Polizei, Telegramm von Wilhelm – doch Chamberlain hat sich in der einen Nacht so unmäßig gegiftet, wie es ihm nur zu gönnen ist.

Mit dem Ende der Nazi-Herrschaft war es auch mit dem Regiment Winifreds in Bayreuth aus. Die Amerikaner besetzten Bayreuth. Im Festspielhaus ließen sie sich Paul Linckes ›Glühwürmchen‹ vorspielen. Neben Wagner ist somit Paul Lincke der zweite Komponist, dessen Werke auf dem ›Grünen Hügel‹ gespielt wurden. Allerdings soll die Paul Lincke-Pflege – jedenfalls in nächster Zeit – nicht fortgesetzt werden.

Winifred Wagner wurde entnazifiziert – wahrscheinlich wäre sie danach mit Hitler wieder per Sie gewesen –, an Festspiele aber war in den konfusen Zeiten nach 1945 nicht zu denken. Erst 1951 begann das, was man bald ›Neues Bayreuth‹ nannte. Wieland und Wolfgang, die Söhne Siegfried Wagners, nutzten die politische Belastung der Mutter aus und eliminierte sie aus der Festspielleitung.

Wieland Wagner ist eine merkwürdige Gestalt. 1917 geboren, beim Tod seines Vaters noch ein Kind, wuchs er unter der Ägide, um nicht zu sagen unter der Fuchtel seiner Mutter auf. Wieland Wagner zeigte Talent für die Malerei. Hitler selber nahm sich Wielands an. Daß Wieland vom Militärdienst befreit wurde, war das wenigste. 1943 erhielt Wieland einen Auftrag, von dem andere Bühnenbildner im Alter von sechsundzwanzig Jahren nicht zu träumen wagen: den ganzen Ring für die Staatsoper Wien. Karl Böhm, der damals in Wien Opernchef war, gefielen die Entwürfe vorzüglich. Man weiß nicht mehr, wie die Entwürfe waren, denn sie gingen bald darauf verloren, als die Oper durch Bomben zerstört wurde.

Aber Wieland Wagner war sicher kein Nazi. Er war eine tragische Figur. Er kämpfte konsequent und, wie es manchmal schien, mit der Verbissenheit der Verzweiflung gegen die ideologische Hypothek an, die von Wagner auf Bayreuth und auf ihm selber lastete. Er prägte den Spruch: »Es gibt keinen Denkmalschutz für Richard Wagner.« Er begann, wie er es nannte, Wagner zu entrümpeln. Er schoß dabei nicht nur übers Ziel hinaus, er geriet in die Sackgasse der Ideologie der Ideologielosigkeit. Seine Inszenierungen wurden – im Wortsinn und im übertragenen Sinn – immer finsterer, immer karger, immer starrer.

Das kam natürlich gewissen Spielarten des Wagnerianismus entgegen. In den so entmaterialisierten Musikdramen konnte sich jede Weltanschauung spiegeln. Es führte aber auch zu grotesken und absurden Ergebnissen, etwa wenn Wieland Wagner Symbole symbolisierte, die Taube im ›Parsifal‹ durch einen Lichtstrahl ersetzte.

Joachim Kaiser, der gescheiteste Mensch der Bundesrepublik (früher war das Adorno, nach dessen Tod ist Joachim Kaiser bekanntlich aufgerückt), hat am 19. November 1975 in einer im übrigen der Wieland Wagner-Beweihräucherung gewidmeten Fernsehsendung auch Bedenken am Stil Wieland Wagners angemeldet. Wenn Wieland Wagner die Musikdramen seines Großvaters aller Realitätsbezogenheit entkleidete, sie aller historischen und geographischen Zusammenhänge entzog und nur Seelendramen auf der Bühne beließ, ob er da nicht anstelle der alten Nebulosität bloß eine neue setzte?

Sicher war Wieland Wagner ein genialer Mann, aber sein Weg führte nicht weiter. Wahrscheinlich hat ihn sein relativ früher Tod – 1966, nicht ganz fünfzigjährig – davor bewahrt, dies selber zu erkennen. Er hatte auch keinen Nachfolger. Die Tendenz der heutigen Wagnerinszenierungen geht andere Wege. Das ist nicht verwunderlich, denn was käme der modischen Nostalgie auf diesem Gebiet mehr entgegen als Klingsors maurischer Zaubergarten oder das düstere Schloß an Cornwalls grünem Strand?

Übrigens waren Wieland Wagners Entrümpelungsideen nicht neu. Schon 1895 entwickelte der Schweizer Bühnenbildner Adolphe Appia in seinem Buch ›La mise en scène‹ eine vor allem auf Lichtwirkung beruhende Inszenierungsform für Wagners Musikdramen. Appia besaß die Naivität, seine Vorschläge Cosima Wagner zu unterbreiten. Er wurde nicht einmal einer Antwort gewürdigt. Außerdem, sagte Cosima, sei er Jude. Wieland Wagner griff 1951 Appias Ideen auf, ohne allerdings Appias Namen zu nennen. Ganz läßt sich offenbar ein großväterliches Charaktererbe nicht verleugnen. Erst als

Rezensenten auf die Urheberschaft Appias wiesen, bekannte sich auch Wieland Wagner dazu.

Wieland Wagner war noch in anderer Hinsicht eine tragische Figur. Sein Neu-Bayreuther Stil rief natürlich unter den alten, eingefleischten Wagnerianern oder besser: Cosimisten einen Sturm der Entrüstung hervor und spaltete das Lager der Wagnerianer wieder in zwei Lager. Aber abgesehen davon versah Wieland – sicher ungewollt – eine Alibifunktion. Seine Entrümpelung Wagners brachte einen reinen Wagner hervor, einen Wagner an sich, den man vorbehaltlos bewundern konnte, ohne in den Verdacht zu geraten, ein Nazi zu sein. »Die Nazis haben Wagner nur mißbraucht; sieht man doch jetzt«, konnten die Neu-Bayreuther sagen. Ein undifferenzierter Standpunkt. Die Nazis haben Wagner nicht nur mißbraucht. Mehr als nur der Antisemitismus, die Germano-Manie, der nationale Größenwahn, die Ideen, die Houston Steward Chamberlain formulierte, führten von Wagner direkt zum Nationalsozialismus. Der musikalische Ausschließlichkeitsanspruch, den Wagner erhob, korrespondierte mit dem politischen Ausschließlichkeitsanspruch (»Ein Volk, ein Reich, ein Führärr –«), den Hitler vertrat wie jedes rechts- oder linksfaschistische System vor und nach ihm. Hitlers sozusagen private musikalische Neigungen galten dabei gar nicht Wagner. Er bevorzugte das ›Weiße Rößl‹ (von dem Juden Benatzky!) oder Lehárs Operetten. Vom optischen Gesamtkunstwerk hatte er auch andere Vorstellungen. Hitler sah seinen Lieblingsfilm ›King Kong‹ nach vorsichtiger Schätzung dreihundertmal, das letzte Mal im April 1945 im Keller der Reichskanzlei. ›Tristan‹ sah er nur achtmal. Hitlers Wagnerbegeisterung war nur ein Staatsakt.

Ein ähnliches Phänomen ist übrigens auch bei Ludwig II. zu bemerken. Auch die Begeisterung Ludwigs II. für die Musik Wagners war nicht privater Natur. (Es gebietet der historische Anstand, hier zu vermerken, daß die Persönlichkeit Ludwigs II. bei aller Zwiespältigkeit und bei allem Irrsinn nicht im Entferntesten mit dem Böhmischen Gefreiten zu vergleichen ist.) 1963 ist ein Buch erschienen: K. Hommel: ›Die Separatvorstellungen von König Ludwig II. von Bayern.‹ Mit Erstaunen liest man, daß nur ein ganz verschwindend geringer Teil der berühmten und berüchtigten Privatvorstellungen Wagner-Aufführungen waren, denen der düstere König, ganz allein in seiner dunklen Loge im sonst leeren Theater, beiwohnte. Den weitaus größten Teil stellten seichte Singspiele und historische Klamotten. Am liebsten, schien es, ergötzte sich Ludwig II. an dramatisierten Burlesken aus dem Leben der Madame Pompadour. Und der private Musikgeschmack Ludwigs ist nachprüfbar anhand der königlichen Tafel- und Lustmusiken, von denen es sogar eine Schallplatte gibt: brave Arbeiten biederer Kleinmeister, die dazu angetan sind, den Hörer vor allem nicht aufzuregen. Ludwigs Begeisterung für Wagners Musik ist nach Sichtung dieser Dokumente schwer verständlich,

am ehesten als eine Art geistige Maskerade, in der sich dieser verkannte, späte Keltenfürst gefiel, der – darin allerdings ein Herz und eine Seele mit Wagner – eine Vorliebe für jede Art des *Kostüms* hatte.

1966 starb Wieland Wagner. Wolfgang Wagner, Wielands jüngerer Bruder, übernahm die Leitung der Festspiele. Wolfgang Wagner hatte sich seit 1951 der Verwaltung der Festspiele und der Technik gewidmet, gelegentlich auch Regie geführt. Daß die Festspiele (auch kommerziell) einen Aufschwung erlebten, den sich vorher niemand erträumt hatte, ist ihm zu danken. Seinen Regiestil aber glaubte das Nachrichtenmagazin ›Der Spiegel‹ durch einen Satz zu charakterisieren, den Wolfgang Wagner dem Sänger des Wotan geantwortet hat, als dieser fragte, wie er seine Rolle anlegen solle: »A weng geddlich« (oberfränkisch: »ein wenig göttlich«). Daß das ungerecht ist, zeigt die letzte ›Meistersinger‹-Inszenierung Wolfgangs; eine beachtliche Regiearbeit. Zwei weitere Taten aber gehen auf das Konto Wolfgang Wagners: er erteilte seiner Mutter Winifred Hausverbot für den Grünen Hügel, und er verstand es, die Elite internationaler (selbst jüdischer!!) Dirigenten ans Haus zu binden, und scheute sich nicht, so ungewöhnliche Wege zu gehen und etwa Patrice Chéreau mit der ›Ring‹-Regie zu beauftragen. Die Venus im ›Tannhäuser‹ und den Holländer besetzte er gelegentlich mit Schwarzen. Nicht nur Richard, selbst Ruß dürften sich da in ihren Gräbern umgedreht haben.

*

Ein Wort zu Winifred Wagner: ohne Zweifel war sie eine Nationalsozialistin, Duzfreundin und vielleicht sogar Geliebte Hitlers – ohne Zweifel aber ist ihr (wie Cosima die Generation zuvor) das Überleben der Festspiele nach 1918 zu danken. Sicher eigneten ihr nicht nur sympathische Züge, aber so zu verteufeln, wie es in den Jahrzehnten nach 1945 geschehen, ist sie nicht. Brigitte Hamann, die große Historikerin, der man nun wirklich nicht nachsagen kann, sie sei rechtslastig, hat jüngst mit ›Hitlers Bayreuth‹ eine Biographie Winifred Wagners geschrieben, in der sie manches zurechtrückt, was diese Frau betrifft.

Die Festspiele

Das Festspiel-Bayreuth und die Stadt Bayreuth stehen sich sozusagen ohne Berührungspunkte gegenüber. Außer der gemeinsamen geographischen Länge und Breite haben sie nichts miteinander zu tun. Der Wagnerianer empfindet die Stadt Bayreuth, wenn er sie überhaupt wahrnimmt, als Fremdkörper. Dennoch muß der Wahrheit die Ehre gegeben werden: ohne die Festspiele wäre Bayreuth zwar nicht nichts, höchstens aber eine von drei Dutzend deutscher Residenzen oder Reichsstädte, die heute bedeutungslos am Rande der Verkehrsverbindungen liegen und aus ihrer Glanzzeit einige hochinteressante Baudenkmäler aufzuweisen haben – mehr nicht. Die Bayreuther sind deswegen natürlich stolz darauf, daß sie, wie es etwas übertrieben heißt, für fünf oder sechs Wochen im Jahr Weltstadt sind. Wagnerianer sind die wenigsten Bayreuther, vermutlich so wie im Vatikan echte Katholiken rar sind. Der Ruf »Die Festspielgäste kommen!«, hat einmal ein scharfer Beobachter festgestellt, ertönt in Bayreuth etwa mit dem Unterton wie bei den Lachsfischern der Ruf: »Die Lachse kommen!«

Die Lachse kommen jedes Jahr ungefähr Mitte Juni. Der Kundige kann das, abgesehen davon, daß die Preise in den Lokalen sprunghaft in die Höhe schnellen, an der Festspieladjustierung der Bayreuther Polizei (weiße Handschuhe) erkennen.

Daß die Festspiele im Festspielhaus stattfinden, weiß wohl auch der Anfänger in Bayreuth. Wo das Festspielhaus ist, haben wir schon erwähnt, außerdem ist es unschwer zu finden, denn überall sind Schilder (mit Bild, für Analphabeten) angebracht. Abgesehen davon braucht man sich aber nur anzuschließen, d.h. dem Zug der schwitzenden Herren und Damen in Smoking und Abendkleid, die (wegen der enormen Länge der Wagneropern fangen die Vorstellungen immer schon am hellichten Nachmittag an) ächzend durch die sommerliche

Glut oder den oberfränkischen Augustregen hügelan wallen.

Eine der am schwierigsten zu beantwortenden Fragen ist die, die einem gestellt wird, wenn ruchbar wird, daß man zu den Festspielen fährt: Wie bekommt man Karten? Karten für die Bayreuther Wagner-Festspiele bekommt man nicht, am wenigsten in Bayreuth an der Abendkasse. Siebenmal könnte Wolfgang Wagner jede Karte für jeden Sitzplatz verkaufen. Daraus erhellt, daß man Karten nicht kaufen kann, man wird mit ihnen begnadet. (Wie es – im Ernst – geht, davon weiter unten.) Freikarten zu bekommen ist nahezu unmöglich. Nur Ausnahmefälle können sich rühmen, eine Freikarte für eine Festspielaufführung (für Generalproben geht es schon eher) ergattert zu haben. Bayreuth ist da ein granitenes Bollwerk, Erbe des tüchtigen Richard, der seine Idee vom allumfassenden nationalen Weiheereignis auf dem Grünen Hügel (einer Art völkisches Oberammergau) sehr bald zugunsten der Devise: »Wer Wagner sich weiht, entgelt es mit Gold« (alle Rechte an diesem Stabreim bei mir) aufgegeben hat. Ein Rest – ganz ernsthaft – ist davon erhalten: im Gegensatz zu allen anderen großen Opernfestspielen sind die Bayreuther Karten erstaunlich billig. In der Regel wird das Festhalten an dieser Tradition mit dem Hinweis darauf begründet, daß die Festspiele eine reine Privatangelegenheit der Familie Wagner seien und sich kostendeckend selber tragen müßten. Das leuchtet dann natürlich fast jedem ein. Allerdings stimmt das nicht mehr. Seit 1973 ist die ›Richard Wagner-Stiftung Bayreuth‹ die – grob gesprochen – Trägerin der Festspiele. Der Stiftung gehört das Festspielhaus. Dem Stiftungsrat gehören (mit verschiedener Stimmenanzahl) die Bundesrepublik, der Freistaat Bayern, die Stadt Bayreuth, der Bezirk Oberfranken, die ›Gesellschaft der Freunde von Bayreuth‹ usw. und nicht zuletzt die Familie Wagner an. Die Familie Wagner hat vier (von insgesamt vierundzwanzig) Stimmen im Stiftungsrat, die nach einem äußerst komplizierten Schlüssel auf Abkömmlinge Siegfrieds und Winifreds verteilt werden. Der für die Festspiele, die Verwaltung, die Finanzen usw. zuständige Vorstand hat drei Mitglieder, einer davon ist ein Abkömmling Wagners, derzeit Wolfgang Wagner, der gleichzeitig (auf Lebenszeit) der allein verantwortliche Festspielleiter ist. Es ist nicht anders zu sagen, als daß sich diese juristische Konstruktion bewährt hat. Daß sie die nicht seltenen Familienstreitigkeiten der Wagners verhindert, hat niemand erwartet.

Nachdem Wolfgang Wagner 1999 achtzig Jahre alt geworden war, entbrannte der völlig überflüssige Streit über seine Nachfolge. Völlig überflüssig deshalb, weil sich Dr. Wolfgang Wagner (die Universität Bayreuth hatte die glückliche Idee, Wolfgang Wagner ihren ersten Dr. h. c. zu verleihen) im Gegensatz zum sogar noch jüngeren Papst voller geistiger und körperlicher Leistungsfähigkeit erfreut. Wenn ein Theaterunternehmen so floriert, daß jede

Vorstellung virtuell siebenmal ausverkauft ist, muß man den Wichtigmachern doch eigentlich zurufen: »Don't change a winning crew!« – auch wenn die crew nur aus einem Mann (und, muß man in dem Fall sagen, seiner Frau Gudrun) besteht. Und was die Nachfolge anbelangt, die selbstverständlich doch irgendwann ansteht, weiß ich ein anderes englisches

Sprichwort: »Let's pass the bridge, when we reach it.«

*

Die Festspiele dauern fünf oder sechs Wochen. Es ist aber nicht jeden Tag eine Aufführung. Es treten immer wieder ›spielfreie‹ Tage ein. Ein häufig gehörter Stoßseufzer der Festspielachse ist: »Was tun?« Nun, in erster Linie empfiehlt sich zu schlafen.

Ganz Beflissene können am spielfreien Tag die ›Wagner-Gedenkstätte‹ im Haus Wahnfried besuchen, in dem heute kein Wagner mehr wohnt. Wagners Nachkommen »Wähnen« findet anderwärts in Bayreuth Friede. Haus Wahnfried ist heute ein vorzüglich eingerichtetes und geführtes Museum. Neben Dauer-Exponaten (Partituren, Bühnenbild-

modelle, das oben erwähnte Sterbesofa aus dem Palazzo Vendramin usw.) werden auch wechselnde Ausstellungen gezeigt, und zwar, muß man gerechterweise sagen, nicht nur wagnerkniefällige. So war einmal eine äußerst informative und kritische Ausstellung über Wagner und den Antisemitismus zu sehen. Es erwies sich dabei, daß eine sachliche Auseinandersetzung auch mit des Meisters Schattenseiten diesem nicht schadet – im Gegenteil, seine lichtelbische Seelenhälfte leuchtet darum nur noch heller. Im Museumsladen war sogar dieses Büchlein zu kaufen. Das Wahnfried-Archiv allerdings ist nicht öffentlich zugänglich. (Das Vatican-Archiv ja schließlich auch nicht.)

Wer am spielfreien Tag einmal genug von Wagner hat, der kann, und das ist sehr lohnend, das Freimaurermuseum besuchen. Dieses Museum führt mitten unter all den Wagneriana im Haus Hofgarten 1 (das heißt: vom Hofgarten aus zugänglich) ein rechtes Dornröschen-Dasein. Dabei wird man dort freundlich empfangen und durch eine reiche, nicht nur für den Freimaurer interessante kulturhistorisch wertvolle Sammlung freimaurerischer Gegenstände, Medaillen, Geräte und Bilder geführt. Jeder, der will, kann auch die umfangreiche Spezialbibliothek benützen. Bayreuth hat seit den Tagen der Markgräfin Wilhelmine (deren Bruder ja ein eifriger Freimaurer war) eine reiche Freimaurertradition. Oder man fährt, siehe oben, nach Hochtheta oder in die neue, imponierend luxuriöse »Lohengrin-Therme«.

Ich bin dort schon – zu meinem Erstaunen – neben dem Darsteller des Fafner vom Vortag hergeschwommen. Er hat auch hier gefaucht.

Ein anderes Kontrast- oder besser Ergänzungsprogramm sind die, die Festspiele begleitenden Matinéen im Rokoko-Saal der altrenommierten Klavierfabrik Steingraeber in der Friedrichstraße. Die Firma besteht seit hundertfünfzig Jahren in Bayreuth und baut feine, elegante Klaviere und Flügel. Das ganze Jahr hindurch und verstärkt während der Festspielzeit veranstaltet Steingraeber Konzerte, Vorträge und Lesungen. Der Autor vorliegenden Buches hatte die Ehre und das Vergnügen seine Wagnerparodien dort vorlesen zu dürfen und hofft, daß damit die Ernsthaftigkeit der Steingraeberschen Veranstaltungen nicht in Verruf gekommen ist.

Meister(s)werke

Ist man in der Genealogie des Hauses Wahnfried nicht einigermaßen firm (das vorangegangene Kapitel hat das Notwendigste vermittelt) oder verheddert sich der Neuling in Bayreuth gar in den Gespinsten und Fallstricken der Freundschaften und Feindschaften des Wagner- und Festspielclans, so kann das den gesellschaftlichen Tod des Festspielbesuchers bedeuten. Hat der Neuling keine Ahnung von Wagners Opern, so ist das dagegen gar nicht so schlimm. Man kann sich sehr leicht damit behelfen, daß man alles, was der Meister geschrieben hat, ›rasend erhaben‹ (eine Wortprägung Cosimas) findet. Feststellungen allerdings wie: »Birgit Nilsson gestern in dieser himmlischen ›Tosca‹ ...« sollten vermieden werden. Wir werden deshalb in diesem Kapitel die Titel von Wagners Opern aufzählen. Der Neuling legt sich am besten für jede Oper – die Titel und möglichst auch die zeitliche Reihenfolge der Opern sind auswendig zu lernen – eine spezielle Phrase zurecht, die er dann im Gespräch bei dem entsprechenden Stichwort von sich geben kann. Freilich kann dieses kleine Büchlein nicht im entferntesten denjenigen Schatz von Phrasen vermitteln, über den ein Besitzer eines ›Eichala‹ (eines mit einer Eichel verzierten Zinndeckelkruges) verfügt. So ein Eichala bekommt man nach fünfundzwanzig Jahren Fest-

spielbesuch. Es ist auch nicht Aufgabe dieses Büchleins, die Inhaltsangabe aller Wagner-Opern auszubreiten. Diese liest man unschwer in einem der zahlreichen Opernführer nach, die zur Festspielzeit in Bayreuth erhältlich sind. Hingewiesen soll aber in dem Zusammenhang auf eine besonders eindrucksvolle Schilderung des ›Lohengrin‹-Inhaltes in Leo

Slezaks ›Meine sämtlichen Werke‹ und auf die meisterhafte Darstellung der ›Ring‹-Handlung in Marcuses Wagner-Buch werden. Für Liebhaber subtilen, unfreiwilligen Humors empfiehlt es sich, die Textbücher im Original zu lesen.

Wagner hat zwar umfangreiche, aber nicht viele Werke geschaffen. Diese leichte Überschaubarkeit seines Gesamtwerkes hat ohne Zweifel zu Wagners Popularität beigetragen. Über die Rangfolge in der Bedeutung der einzelnen Werke innerhalb des Gesamtwerkes ist man sich selbstverständlich nicht einig. Man kann eine Feineinstellung der Wagnerianer herausarbeiten anhand der Antworten auf die Frage, welches Werk des Meisters für das bedeutendste gehalten wird. Wer den ›Parsifal‹ nennt, ist in der Regel ein Zelot der strenggläubigen Richtung, sozusagen ein Unbeschuhter Kartäuser unter den Wagnerianern, wobei das asketische, kasteiende, ja masochistische Moment dem Vergleich nicht abträglich ist. Wer den ›Ring‹ nennt, ist ein praktizierender Wagnerianer, der treu seine Bayreuth-Pflichten absolviert und in den gesicherten Bahnen der Wahnfriedrichtlinien wandelt. Eine gewisse Schicht der Wagnerianer hält die ›Meistersinger‹ für das bedeutendste Werk. Das sind meist die Mitläufer des Wagnerianismus', deren Verehrung für den Meister sich im Aufschauen erschöpft. Von Wahnfried wird solches treudeutsche Fußvolk nicht ungern gesehen, wenngleich in die Tempel der inneren Mysterien nicht eingelassen. Sagt einer, der ›Tristan‹ sei Wagners Hauptwerk, so ist

Vorsicht bei der Beurteilung geboten. Entweder handelt es sich dabei um eine Dame, die in diesem dafür besonders geeigneten Werk Ersatz für Erotik und Religion sucht, oder aber es ist ein wirklicher Kenner, der das Werk wegen seiner bahnbrechenden Bedeutung schätzt. Wahnfried sieht solche Leute nicht gern, sie haben für brave, bußfertige Wagnerianer einen häretischen Anflug, der sich manchmal in der Äußerung manifestiert, der ›Tristan‹ sei das unwagnerischeste Werk Wagners.

Musikalischen Freigeistern ist der ›Fliegende Holländer‹ das liebste Werk des Meisters. Echte Wagnerianer winden sich zwar bei einer dementsprechenden Äußerung, können aber doch nicht gut etwas sagen, weil nicht zu leugnen ist, daß Wagner diesen effektvoll dämonischen Reißer, der fast von Meyerbeer oder Spontini sein könnte, tatsächlich selber geschrieben hat. Snobs nennen den ›Rienzi‹.

Wagner hat eine im geographischen Sinn deutlich exzentrische musikalische Karriere durchgemacht. 1833 war er Chordirektor in Würzburg, 1834 bis 1836 Musikdirektor in Magdeburg, 1837 dito in Königsberg und noch im gleichen Jahr in Riga. Bis dahin hatte er die Opern ›Die Feen‹ und ›Das Liebesverbot‹ sowie die große Oper ›Rienzi, der letzte der Tribunen‹ geschrieben. Die ersten beiden Opern zählen in Bayreuth offiziell nicht. Das kann man daran sehen, daß es dort keine Feen- und keine Liebesverbotsstraße, wohl aber bereits eine Rienzistraße und dann alles bis zur Parsifalstraße gibt. Der

›Rienzi‹ spielt aber insofern eine gewisse Zwitterrolle, als diese Oper dennoch nicht als festspielwürdig empfunden wird. Bei den Festspielen hat es bisher noch keine Aufführung des ›Rienzi‹ gegeben.

Im Zusammenhang mit Wagners frühen Opern muß ein besonders heimtückisches Unterfangen erwähnt werden. Es gab seit der Nachkriegszeit (initiiert von Friedelind Wagner) eine begleitende Veranstaltung zu den Festspielen für junge Künstler, die an das Werk Wagners fachkundig herangeführt werden sollten. 1972 kamen diese mit der Anbetung der heiligen Werke des Meisters offenbar nicht ausgelasteten Springinsfelde auf eine ganz krumme Idee. Sie führten in der Bayreuther Stadthalle meuchlings Wagners Oper ›Das Liebesverbot‹ auf. Und die Firma Mixtur schreckte nicht zurück, diese vom Haus Wahnfried nicht kanonisierte Jugendsünde des Meisters schonungslos auf Platten aufzunehmen. Das Haus Wahnfried hatte keine rechtliche Möglichkeit, dieses Sakrileg zu verhindern. Es blieb für die echten Wagnerianer nichts anderes übrig, als das Unternehmen zähneknirschend zu ignorieren. Die Initiative, jungen Künstlern Festspiel-Luft zu vermitteln, wurde fortgesetzt. Es ist dies heute das »Festival junger Künstler Bayreuth«, das mit großer Energie Sissy Thammer betreut und sich großen Zulaufs, guten Erfolgs und des Segens des Hauses Wagner erfreut. Und sich sogar um Literatur kümmert.

›Das Liebesverbot‹ (eine freie Bearbeitung nach der Komödie ›Maß für Maß‹ von Shakespeare) ist

den Wagnerianern (soweit sie diese Oper kennen) nicht nur deshalb peinlich, weil sie zeigt, wieviel an handwerklichem Rüstzeug Wagner dem von ihm verachteten Meyerbeer verdankt, sondern vor allem deswegen, weil dieses Frühwerk dartut, daß Wagner auch in der Lage war, eine ganze Oper zu schreiben, die nur aus Ohrwürmern besteht. Stellenweise ist das der reinste Offenbach mit einem Schuß Rossini in Weberscher Garnierung! Wäre er doch auf diesem Weg weitergegangen! Oder auch lieber nicht – wir hätten dann keinen ›Tristan‹.

1840 floh Wagner zum ersten Mal in seinem Leben (ein einziges Mal floh er aus politischen Gründen, 1848, sonst immer aus persönlichen oder allzu persönlichen) mit Frau und Hund nach Paris. In Paris lag er Giacomo Meyerbeer auf der Tasche und schrieb den ›Fliegenden Holländer‹. Mit dieser Oper betrat Wagner sozusagen germanischen Boden im weiteren Sinn. Bezeichnenderweise ist sie auch die erste festspielwürdige Oper des Meisters. So richtig deutsch wird es allerdings erst 1842, als Wagner nach Deutschland zurückkehrte. In Paris hatte man Wagner nicht zur Kenntnis genommen. Das war das Bitterste, das Wagner widerfahren konnte. In Paris spielte man Meyerbeer. In Meyerbeer war alles vereinigt, was Wagner später in seinen Schriften und philosophieartigen Gedankengängen angriff, wobei nie geklärt werden kann, was hier Wirkung und was Ursache ist. Meyerbeer stammte aus einer reichen Bankiersfamilie in Berlin, ein Wunderkind, und in einem Lebensalter, in dem Wagner noch mit seinen ›Feen‹ bei den Intendanten antichambrierte, schlugen sich die Musikdirektoren der Weltstädte die Köpfe gegenseitig ein, um die Uraufführungsrechte noch ungeschriebener Meyerbeer-Opern zu erhalten. In Paris führte dann der großzügige, weltgewandte und elegante Meyerbeer ein glänzendes Haus und verkehrte als Grandseigneur unter den Geistesgrößen seiner Zeit. Außerdem war Meyerbeer Jude. Das Sträflichste allerdings, was Meyerbeer in den Augen Wagners begehen konnte, war, daß er ihn, als Wagner ihn 1841 um Almosen anging – »Deutscher Meister, ich bin Ihr Sklave, Ihr Eigentum«, schrieb Wagner an Meyerbeer –, den kleinen sächsischen Provinzkapellmeister, mit Geld unterstützte. Wagner hat ihm das nie verziehen. Nun genügte es aber Wagners Tatendrang nicht, allein Meyerbeer anzugreifen. Er attackierte alle Bankiers, alle Juden, die Franzosen, insbesondere die französische Musik und vor allem die französische Oper. Wagner entdeckte dabei auch etwas ganz Neues, daß Musik an sich *deutsch* oder *undeutsch* sein könne. So etwa fand Wagner heraus, daß das Andante ein typisch deutsches Zeitmaß sei. Wagner konnte aber, da er die Gattung Oper so schlechtweg verdammte, nunmehr nicht selber Opern schreiben. Seine Opern seien gar keine Opern, sagte er, sondern Musikdramen. Um den Wagnerschen Musikdramen auch äußerlich jede Ähnlichkeit mit den verhaßten Opern zu nehmen, kam Wagner auf die Idee eines eigenen Theaters, in dem nur Wagner gespielt werden sollte. Da Wagner im Gegensatz zu Meyerbeer damals keinen Erfolg hatte, nannte er seine Musik einfach ›Zukunftsmusik‹.

Wagner kehrte über den Rhein nach Deutschland zurück. Beim Anblick des Schicksalsstromes faßte

er den Plan zu einem *deutschen* Musikdrama. Als er später noch an der Wartburg vorbeikam, war in ihm die Idee zum ›Tannhäuser‹ geboren. In diesem Musikdrama geht es um den Gegensatz zwischen ›welsch‹ (Venus) und ›deutsch‹ (Elisabeth). Tannhäuser, in den Stricken der welschen Buhlerin verhaftet, bekehrt sich zur deutschen Jungfer Elisabeth.

Wagners Aufenthalt in Dresden ließ sich zunächst ganz gut an. ›Rienzi‹ und später ›Der fliegende Holländer‹ wurden aufgeführt. Da Wagner in Dresden jedoch keinen Meyerbeer fand, der ihn mit Geld unterstützt hätte, mußte er eine Stelle als Hofkapellmeister antreten. Sogleich nahm er den ›Lohengrin‹ in Angriff. Hatte Wagner im ›Tannhäuser‹ immerhin noch Verständnis für die welsche Venuswelt gezeigt, so kam er im ›Lohengrin‹ schon militant. Der tapfere Lohengrin – ungeachtet es sich um eine welsche, nämlich keltische Sage handelt – vernichtet den feigen Telramund und wettert gegen die polnischen und russischen Untermenschen:

»Nach Deutschland sollen noch in
fernsten Tagen
des Ostens Horden siegreich nimmer
ziehen«

heißt es in Lohengrins Weissagung. Im Sommer 1845 wurde dies geschrieben. Hitler ließ sich die Stelle beim Überfall auf Rußland vorspielen.

Wir haben nun schon eine Kostprobe Wagnerscher Lohengrin-Dichtung gegeben. Der ganze ›Lohengrin‹ ist voll von edelsten Stilblüten. »Nun sei bedankt, mein lieber Schwan« ist die berühmteste. Und es gäbe wohl keine bösartigere Anti-Wag-

ner-Cabaret-Nummer, als von fünf Sachsen den Lohengrin-Text wortgetreu vorlesen zu lassen:

»Seht! Elsa naht! die Tugendreiche.
Wie ist ihr Antlitz trüb und bleiche!«

Diese Zeilen auf sächsisch lassen das Kiefersfeldener Bauerntheater verblassen.

Der ›Tannhäuser‹ wurde noch in Dresden aufgeführt, zur Aufführung des ›Lohengrin‹ kam es nicht mehr, denn es gab vorher eine Revolution. Wagner beteiligte sich an ihr. Allerdings wunderten sich die anderen Revoluzzer, wenn sie »Freiheit, Gleichheit, Brüderlichkeit« riefen, daß einer unter ihnen, ein Kleiner mit einem großen Kopf und einer hohen Stimme, dazu schrie: »– und Musiggdramen!« Ernst nahm das niemand, nur hernach die Polizei. Wagner mußte fliehen. Er ging nach Zürich ins Exil.

Wagner, der sich in seinen Werken allmählich zum Deutschtum hinaufgeschraubt hatte, beschloß nun, ein Monumentalwerk zu schaffen. Dadurch sollte a) der Kurs der künftigen Musikentwicklung festgelegt werden; b) die französische Musik mit einem Schlag vernichtet werden; c) überhaupt alle andere Musik mit einem Schlag vernichtet werden; d) der Kosmos in seinem Wirken und Weben auf die Wagnersche Linie einzuschwenken gezwungen werden. Da – nach Wagners Vorstellung – nach der ersten Aufführung des Monumentalwerkes (Wagner dachte an eine Freilichtaufführung ›am Rheine‹, also eine Art vaterländisches Oberammergau) ganz Deutschland von Wagners Wort und Wagners Musik und Wagners Denken widerhallen werde, wäre damit zwangsläufig auch die Einigung Deutschlands nebenbei hergestellt. (Der vorschnelle Bismarck kam dann 1871 Wagner zuvor und einigte fünf Jahre vor der ›Ring‹-Aufführung das Deutsche Reich; unvollständig, wie man weiß, um nicht zu sagen: stümperhaft.)

Bevor sich Wagner an die eigentliche Schöpfung

des Werkes begab, schrieb er einige Traktate: ›Oper und Drama‹, ›Das Kunstwerk der Zukunft‹, ›Die Kunst und die Revolution‹. Alle diese Bücher sind nahezu unlesbare Predigten. (Viel wirksamer für die Verbreitung Wagnerscher Ideen waren die Schriften Liszts.)

Welcher Stoff der würdigste sei, in dem zukunftsmusikalischen Monumentalwerk verarbeitet zu werden, war Wagner nicht von Anfang an klar. Er verfaßte ein komplettes Libretto ›Wieland der Schmied‹, dokterte etwas an einem Musikdrama ›Jesus von Nazareth‹ herum. Danach beschäftigte sich Wagner mit ›Friedrich Barbarossa‹. Aber da er ja ein *deutsches* Kunstwerk der Zukunft schaffen wollte, waren ihm Barbarossa und Wieland als Helden nicht deutsch genug, von Jesus gar nicht zu reden, und so kam Wagner bei der Suche nach dem deutschesten der Helden bald zwangsläufig auf Siegfried. Er dichtete ›Siegfrieds Tod‹, die spätere ›Götterdämmerung‹ ungefähr. Aber Wagner war es nicht genug. Er streckte den Teig etwas mit philosophischen Essenzen – Buddhismus und Schopenhauer in der Hauptsache – und walzte ihn auf ein zweiabendliches Doppeldrama: ›Jung-Siegfried‹ und ›Siegfrieds Tod‹ aus. Es blieb aber immer noch Philosophie übrig. Wagner nahm etwas Sage hinzu, verdünnte wieder, und so kam es zur ›Walkür‹. Er hatte jedoch zuviel Sage genommen, wieder mußte er mit Buddhismus versetzen: das ›Rheingold‹ entstand. Es war wie damals mit Guignol, der einen Bauern um etwas zu essen bat. Der Bauer gab ihm ein Stück Käse und ein Stück Brot. Guignol aß den Käse schneller als das Brot und bat – um nicht das Brot trocken essen zu müssen – den Bauern um ein weiteres Stück Käse. Der Bauer gab es ihm. Nun hatte aber Guignol mehr Käse als Brot, wurde mit dem Brot schneller fertig und hatte Käse übrig. Nun bat er um weiteres Brot, das er erhielt, das wieder nicht für den ganzen Käse reichte, so daß Guignol ... und so weiter. – Wagner wäre mit den Nibelungen ohne Zweifel zuletzt bis zur Urkuh Adhumbla zurückgeschliddert, die durch Beschlecken salziger Eisblöcke Wotans Göttergeschlecht hervorgebracht hatte. Nur der Tatsache, daß Wagner ja auch Musiker war, nicht nur Dichter, ist es zu danken, daß es nicht so weit kam. Wagner machte einen Punkt – sozusagen an den Anfang – und begann zu komponieren. Die so entstandenen vier Teile des ›Ring‹ heißen: der Vorabend: ›Das Rheingold‹, der erste Tag: ›Die Walküre‹, der zweite Tag: ›Siegfried‹ und der dritte Tag: ›Götterdämmerung‹.

Ein Teil der Ungereimtheiten in der ›Ring‹-Dichtung ist wohl darauf zurückzuführen, daß er mittels des nur aus der vielschichtigen, Heidnisches und Christliches vermengenden Völkerwanderungszeit zu begreifenden Sagenkreises eine Art germanische Antike schaffen wollte. Eine eigenartige Form von Verismus war es, wenn Wagner in diesem Sinn mit ›schrullenhaftem Eigensinn‹ (Hanna Filler) der Sprache den Stabreim aufzwang. »Er führt oft zu gezwungenen, noch öfter zu unnötigen breiten und sich wiederholenden Wendungen, zu gewaltsamen Bildern und Vergleichen. Wohl wird durch den Stabreim ein Gefühl urtümlicher germanischer Rede erweckt, doch muß der Kundige sagen, daß die romantische Vorstellung des 19. Jahrhunderts stärkeren Anteil daran hat als die wirkliche germanische Vergangenheit.« Die von Wagner vermutete Saite in der deutschen Seele für die Alliteration gab es offenbar nicht. Wagnerianer halten dem in der Regel entgegen: »Was wollen Sie, schauen Sie sich ein Textbuch von Verdi an.« Gewiß, Text und Handlungsführung im ›Ring‹ sind nicht dümmer und schlechter als die ›Macht des Schicksals‹, aber Verdi wollte ja auch kein Gesamtkunstwerk, schon gar nicht das der Zukunft, und Verdi wollte kein Dichter sein. So betrachtet, können wir dem Wort nicht beipflichten: »Wagners Libretti sind ja ganz gut, nur die Musik hätte Jacques Offenbach schreiben müssen«, wenngleich die Vorstellung des Wotan-Couplets: »Als junger Liebe Lust mir verblich«, des flotten Auftrittsliedes von Siegfried: »Hei, was ist das für müß'ger Tand« oder des Walküren-Can-Can etwas Berückendes hat.

Während der dreißig Jahre, in denen sich Wagner mit dem ›Ring‹ beschäftigte, hat der Meister noch zwei weitere Werke geschrieben, was die sonst so geradlinige Chronologie etwas durcheinanderbringt. ›Die Meistersinger von Nürnberg‹ haben wir schon erwähnt. In diesem sonst harmlosen Werk, das nur unterschwellig von der Blattlaus der Deutschtümelei befallen ist, hat Wagner versucht, die Meistersingerkunst, eine Sache von, wenn man so sagen kann, monströser Kleinkariertheit, in ein bürgerlich-heroisches Drama umzumünzen.

Vor den ›Meistersingern‹ aber hatte Wagner noch sein Liebeserlebnis mit der Frau seines Freundes Wesendonck zu einer hehren Tragödie sublimiert: ›Tristan und Isolde‹. Da Wagner länger am ›Tristan‹ komponierte, als das Verhältnis mit Mathilde Wesendonck dauerte, übertrug der Meister den autobiographischen Symbolgehalt einfach auf seine nächste Geliebte, auf die Frau seines Freundes

Bülow, Cosima. Das ›Tristan‹-Libretto ist recht unbeholfen. Der Verlauf der Handlung beruht auf einem Liebestrank, der dramatisch nichts hergibt und vor allem dem hohen tragischen Anspruch des Dramas nicht gerecht wird. Allerdings hat Wagner im ›Tristan‹ ein Meisterwerk der Orchesterkunst geschaffen. Bei allem Respekt vor Wagners Instrumentierungskunst muß man feststellen, daß er schon im ›Ring‹ und erst recht im ›Parsifal‹ dazu neigt, mit Blech zu panzern. Dagegen herrschen im ›Tristan‹-Orchester zwei besonders edle Instrumente vor: die Bratsche und das Englischhorn. Bei vielen gilt deshalb die erwähnte Meinung, der ›Tristan‹ sei die unwagnerischste Oper Wagners. Manche davon sagen dazu, deswegen sei sie die beste. Unbeschadet aber dieser Lehrmeinungen nimmt unstrittig der ›Ring des Nibelungen‹ eine in vieler Hinsicht zentrale Stellung im Schaffen Wagners ein. Wenn man die erste Beschäftigung mit dem Siegfried-Sujet 1847/48 ansetzt, also im fünfunddreißigsten Lebensjahr Wagners, so hat sich der Komponist bis zur ersten Aufführung des ›Ringes‹ 1876 in Bayreuth – im dreiundsechzigsten Lebensjahr – nahezu dreißig Jahre mit dem Werk beschäftigt. Waren in dieser Zeit auch andere Werke entstanden, beträgt doch die reine Schaffenszeit am ›Ring‹ etwa fünfzehn Jahre. Aber nicht nur diese enorme Investition an Schaffenskraft, sondern vor allem die gewollten und namentlich ungewollten autobiographischen Bezüge verleihen dem ›Ring‹ die genannte zentrale Stellung. Handlung und Gestalten des ›Rings‹ sind durch zahllose Fäden mit dem Leben oder der Person Wagners verbunden.

Wagnerianer sagen, beim ›Ring‹ handle es sich um ein großartiges Erlösungsdrama. Freilich wird viel von Erlösung im ›Ring‹ gesungen. (Die Frage, *wer wovon* erlöst werden soll, harrt, meine ich, noch der Klärung.) In Wirklichkeit handeln diese vier zusammenhängenden Opern von der Tragik des Menschen, die nach Wagner darin besteht, daß er nicht weiß, ob er das Geld oder das Weib höher schätzen soll. Beides kann er nicht haben. Sehr ansprechend ist dieses Problem in der ganz augenfälligen Schlüsselszene des ganzen ›Ringes‹ geschildert, nämlich im ›Rheingold‹, wo sich die beiden Riesen, die Walhall gebaut haben, nur gegen Gold von der ihnen für den Arbeitslohn als Pfand übergebenen Göttin Freia trennen. Und zwar muß vor der Dame so viel Gold aufgehäuft werden, daß die Riesen statt der Frau nur mehr Gold sehen. Erst dann nehmen sie das Gold und lassen die Göttin bei ihresgleichen zurück.

Das letzte Werk Wagners war dann der für den ausschließlichen Gebrauch für die Festspiele in Bayreuth gedachte ›Parsifal‹. Es gibt sogar Wagnerianer, denen der ›Parsifal‹ zu langweilig ist. Es gibt aber auch welche, namentlich Damen, die allein bei der Nennung des Titels in Begeisterung verfallen. Es ist ein problematisches Werk, war es auch für Wagner. Wie viele ›Alterswerke‹ – Beethovens letzte Streichquartette, Verdis ›Falstaff‹ – ist es eigensinnig und gegen das Publikum geschrieben, zumindest ohne Rücksicht auf das Publikum, ist es sozusagen privater Natur. Von Prinzipien, die Wagner im ›Ring‹ entwickelt hat, ist er im ›Parsifal‹ abgewichen: vom Stabreim, sogar vom starren Leitmotiv. Gurnemanz im ›Parsifal‹ hat, was viele Wagnerianer ganz wirr macht, kein Leitmotiv. (Er gibt, wie Marcuse sagt, keine musikalische Visitenkarte im Orchester ab.) Es ist nicht anzunehmen, daß Wagner das bloß übersehen hat. Der ›Parsifal‹ ist insofern nicht nur gegen das Publikum, er ist sogar gegen die Wagnerianer geschrieben. Der Erste Wagnerianer, Friedrich Nietzsche, hat sich dann auch von Wagner abgewandt, ist zum Feind Wagners geworden. Die Kritik Nietzsches an dem Rückfall Wagners ins Christentum, den der Philosoph im ›Parsifal‹ zu sehen glaubte, war nur ein Teilaspekt. Sicher ist es kein Zufall, daß Wagner im ›Parsifal‹ auf einen Sagenkreis zurückgreift, der nicht germanischen Ursprungs ist. Der ›Parsifal‹ ist als Wagners Privat-Ideologie, gemischt aus Buddhismus, Schopenhauer und Welterlösung, bezeichnet worden. Das ›Parsifal‹-Buch ist, mehr noch als der ›Ring‹, voll von dramaturgischen Schwächen. Senil wirkt die Technik, das Laster, von dem man sich distanziert, im Bilde zu zeigen.

Den ›Parsifal‹ bezeichnete Wagner als ›Bühnenweihespiel‹. In dem Wort ist alles enthalten, was Wagner in seinem Kampf gegen die Musik und namentlich gegen die Oper des 19. Jahrhunderts erreichen wollte, denn das, was Wagner in der Grand

Opéra in Paris sehen und erleben mußte, empfand er als skandalös. In der Zeit, in der Wagner in Paris lebte (1840 bis 1842), regierte das Pariser Opernleben ein Mann namens Louis Véron, der eigentlich Mediziner war und ein Vermögen mit einer Salbe gegen Lungenkrebs machte. Die Salbe bestand aus Hundefett und Gelatine, war wirkungslos, aber auch unschädlich und insofern bedeutend in der Geschichte der Pharmazie, als es sich um das erste Medikament gehandelt hat, für das der Hersteller in Zeitungen mit Annoncen warb. Mit dem Vermögen aus der Hundesalbe konnte es sich Véron leisten, die Oper zu übernehmen. Er krempelte sie total um im Sinn eines kompromißlosen Vergnügungsinstituts. Die Oper wurde Restaurant, Flaniergelände, Geschäftshaus, politisches Parkett, Bordell, und ganz nebenbei wurde auch gesungen. Die Logen wurden kleine Salons und hatten Vorhänge, die dann zugezogen werden konnten, wenn das Geschehen in der Loge dramatischer wurde als auf der Bühne. Wagner, der reine Tor, war angewidert. Er wendete alle Kraft daran, die Händler aus dem Tempel der Kunst zu vertreiben. Im ›Parsifal‹ ist es ihm abschließend gelungen; da amüsierte sich niemand mehr. Er hat lediglich eins vergessen: die Betstühle im Festspielhaus, damit die Gemeinde bei gewissen alterierten Sextakkorden niederknien kann. (Diese Anmerkung stammt von einem, man muß schon sagen, häretischen Wahnfried-Abt. Ich darf seinen Namen nicht nennen. Er hat mir erlaubt, dies hier niederzuschrei-

ben, mit hämischer Freude darüber, so über Umwege in diesem Buch zu Wort zu kommen.)

Und so ist in Bayreuth alles anders als seinerzeit in der sündigen, welschen Oper des Monsieur Véron in Paris. Der musikalische Tempel ist gereinigt, nur – na ja, die Pausen sind sehr lang, eine Stunde zwischen jedem Akt. Es ist schwierig, eine Stunde lang von dem, was man gehört hat, und auf das hin, was man hören wird, ergriffen zu sein. Und so essen sie halt auch ihre Würste am Kiosk und trinken ihr Bier oder, je nachdem, Kaviar und Sekt im Festspielrestaurant, und es soll nicht selten vorkommen, daß dem einen oder anderen Blumenmädchen ein Briefchen zukommt, und wenn die Herren

Gewählten Sesselkleber da sind mit ihrem Anhang, wird das gemacht, was sie für Politik halten, und die Industriellen verkaufen schnell ein paar Pipelines oder ein Kraftwerk für Urundi, schon damit die Festspielkarten von der Steuer abgesetzt werden können, und vor allem zeigen die Damen den Nerz oder, bei warmer Witterung, viel Haut, und ganz nebenbei wird bei den Festspielen auch gesungen. Nun, ganz so wie damals bei Herrn Véron ist es nicht mehr. Trotzdem, es ist wie mit allen Revolutionen gegangen. Der vorherige Zustand heißt nur nachher anders.

*

In seiner 1888, also fünf Jahre nach dem Tod Wagners entstandenen Streitschrift ›Der Fall Wagner‹ schreibt Nietzsche unter Ziff. 9: »Auch im Entwerfen der Handlung ist Wagner vor allem Schauspieler. Was zuerst ihm aufgeht, ist eine Scene von unbedingt sicherer Wirkung, eine Scene, die umwirft –«

Das ist durchaus im guten, sachlichen Sinn kritisch gemeint, wie überhaupt das ganze Traktat Nietzsches zwar den Ton des enttäuschten ehemaligen Bewunderers durchschimmern läßt, aber keine Haßtiraden enthält, was auch für die Schrift ›Nietzsche contra Wagner‹ und alle anderen Auslassungen gegen den Meister in Nietzsches späteren Schriften gilt. Nietzsche, der »ängstliche Adler« (Werner Ross) wußte wohl nicht eigentlich, was er wollte – er wußte nur, und selbst das ungenau, was er nicht wollte, auch mit Bezug auf Wagner. Aber das wäre der Inhalt des Buches: ›Nietzsche für Anfänger‹.

Es sind dreierlei Arbeitsschichten zu berücksichtigen, die in den einzelnen Werken Wagners einander überlagern oder durchdringen: die reine musikalische Erfindung und Gestaltung (die Nietzsche in seinen Kritiken fast völlig unangetastet läßt), die Erfindung des dramatischen Ganges, der Handlung also, grob gesprochen, und die textliche Ausarbeitung, also die Wörter. Auch wir hier, Sie, der Leser und ich, der Autor, wollen bei der Betrachtung des an den Eingang gestellten Nietzsche-Zitats den musikalischen Gehalt nicht berühren. Hier sei die Genialität unbestritten.

Die von Wagner erfundenen Handlungen weisen, namentlich im ›Ring‹ Brüche auf, die bei dramatisch-logischer Betrachtung unüberbrückbar sind. Auch schon im ›Fliegenden Holländer‹ erhebt sich die Frage, warum eigentlich der Holländer wieder davonzieht? Senta hat ihn ja gar nicht verraten, ist gar nicht untreu geworden. Der (brüchige) Angelpunkt in Wagners dramatischer Konstruktion ist, daß der Holländer ein Gespräch Sentas mit Eric bemerkt – aber hätte der Holländer Senta gefragt, was sie mit ihrem ehemaligen Verlobten geredet hat, hätte er erfahren, daß sie nichts anderes getan hat, als dem Eric den Laufpaß zu geben; genau das, was der Holländer wollte –

Im ›Ring‹ wimmelt es von solchen Schwachstellen. Das geht damit an, daß man sich fragt, warum der ohnedies oberste, also allmächtige Gott Wotan den Niebelungenring, der die Weltherrschaft verleiht, überhaupt braucht? Und der Besitz des Ringes durch andere, etwa Fafner, beeinträchtigt Wotans Herrschaft nicht, und Siegfried fängt überhaupt nichts damit an. Völlig unbegründet ist in ›Siegfried‹, warum der Zwerg Mime sich der lebensgefährlichen Rätsel-Wette unterzieht? Unklar ist auch, warum Wotan zwar seine Verfügung, Hunding solle im Zweikampf fallen, dann doch widerrufen und zugunsten Siegmunds umdrehen kann, nicht aber seinen (ohnedies im Affekt gefaßten) Entschluß zur Verbannung Brünhildes. Der in zauberischem Drachenblut gebadete Siegfried kann zwar die tückischen Gedanken Mimes lesen – warum aber nicht die ebenso tückischen, bösen Hagens?

Das alles, und man könnte viel aufzählen, ist scheinbar kleinkariert. Nur scheinbar, denn es zeigt vielmehr Grundsätzliches: Wagner war kein Dramatiker, er war ein Erfinder von großartigen, wie Nietzsche treffend sagt: umwerfenden Szenen. Etwa Wotans Abschied im Finale der ›Walküre‹ – eine große, ergreifende Szene, die auch die musikalischen Einfälle Wagners aufs höchste beflügelt hat. Die Szene ergreift, auch wenn ihre logische Verkettung mit Vorausgehendem und Nachfolgendem brüchig ist.

Solche Stücke gibt es viele im Werk Wagners, und das alles ist nichts anderes als im besten Sinn: Pathos. Die große Geste, auf die es Wagner, ich nehme an, unreflektiert ankam. Und in dieser Hinsicht ist er doch ein Dramatiker, allerdings im antiken Sinn. Nietzsche weist in einer Fußnote zu dem obigen Zitat darauf hin, daß »Drama« in der Antike überhaupt nicht »Handlung« bedeutet, sondern »Ereignis«, daß auch in den antiken Dramen die eigentliche Aktion vor dem Stück oder hinter der Szene abläuft. Der Kern des antiken Dramas und der Kern der Wagnerschen Dramatik ist das, was Nietzsche (gesperrt gedruckt!) »P a t h o s s z e n e« nennt, Entfesselung der Leidenschaft.

Das gleiche gilt, so seltsam das anmuten mag, für einen ganz anderen Dramatiker, der scheinbar Wagner fernsteht, sich aber mit ihm entschieden auseinandergesetzt – und Bayreuth nie besucht hat: Bert Brecht.

*

Ich habe angekündigt, das Geheimnis zu verraten, wie man zu Festspielkarten kommt. Vorweg: es ist natürlich kein Geheimnis. Man wende sich schriftlich oder per Fax oder »mail« an die Bayreuther Festspiele, Kartenbüro, Postfach 100262, D-95402 Bayreuth. Man bekommt dann im Herbst ein Bestellformular, auf dem drohend hingewiesen wird, daß man damit noch längst keine Aussicht auf Karten hat. Man kreuzt dann an, was man sich wünscht, und bekommt nach einiger Zeit die Mitteilung, daß man nicht mit Karten beglückt wurde. Aber damit hat man sich in der Warteschlange hinten angestellt, und wenn man sieben Jahre das Verfahren wiederholt, kommt dann der glückliche Augenblick ... und inzwischen hatten Sie ja die Zeit, dieses Büchlein zu lesen.

Es gibt natürlich auch einen Schwarzmarkt ... den aber hat Wolfgang Wagner, der das manchmal selber überwacht (!), mit solchem Erfolg eingedämmt, daß man sich darauf nicht verlassen soll!

Und nun folgt ein Geheimtip für junge Musiker: Sie können sich beim oben schon erwähnten »Festival junger Künstler Bayreuth« bewerben (Äußere Badstraße 7a, D-95448 Bayreuth), und da gibt es sogar – begrenzt – Freikarten, vor allem aber herrliche Wochen voll unterschiedlichster Musik.

Bibliographie

Über Wagner gibt es Tonnen, Berge, Gebirge von Büchern. Selbst die von Wagnerianern als überflüssig erachteten Werke reichten hin, um Scheiterhaufen für alle Mozartfreunde der Welt zu errichten. Ich will versuchen, eine ganz kurze Handreichung zu geben. Auf einige Bücher, u. a. Daniel Spitzer und Brigitte Hamanns Werke, wurde schon im Text hingewiesen. Die Wagnerliteratur wird folgendermaßen eingeteilt:

1. Wagnerianischerseits gebilligte Panegyrik; diese Bücher zeichnen sich meist durch enormen Umfang aus sowie dadurch, daß sie kaum Daten und Jahreszahlen, dafür aber viel Lobendes und Erhebendes über den Erhabenen und die Seinen bringen; mustergültig dafür ist die nahezu unlesbare Wagner-Biographie in sechs Bänden des konzessionierten Wagnerschmeichlers Carl Friedrich Glasenapp. Dieses Werk – selbst rasende Wagnerianer enthalten sich, wenn sie unter ihresgleichen sind, nur schwer des Ausdruckes ›Schinken‹ – behandelt alles, was ein Wagnerianer wissen muß, aber auch nur das, was er wissen *darf; das* aber wird mit einer Gründlichkeit, die dem Vergleich mit Brehms Tierleben standhält, abgehandelt. (Sehr schwer erhältlich – wenn es sie überhaupt gibt – sind die apokryphen Ergänzungs-

bände zu Glasenapps Biographie, die alles das behandeln, was ein Wagnerianer über Wagners Leben keinesfalls wissen darf.) Zu dieser Spezies zählt auch Houston Stewart Chamberlains Wagner-Buch und die erwähnte Cosima-Biographie des Grafen Du Moulin-Eckart.

2. Vergleichsweise neutrale Wagner-Literatur (etwa das in der Reihe der Rowohlts Monographien erschienene Büchlein von Hans Mayer, das – ohne wagnerfeindlich im eigentlichen Sinn zu sein – nüchterne Daten wiedergibt. Das ist nicht ungefährlich. Zur Vorsicht lassen es deshalb Wagnerianer bei der Lektüre oder besser Zelebrierung der unter 1. genannten Bücher bewenden). Zur neutralen, nicht unkritischen, aber deutlich von Zuneigung zu Wagners Werken getragenen, vor allem streng sachlichen Literatur, sind die Arbeiten, die Martin Gregor-Dellin zur Wagner-Erkenntnis beigetragen hat, nicht genug zu loben: in erster Linie seine in jeder Hinsicht große Biographie ›Richard Wagner. Sein Leben. Sein Werk. Sein Jahrhundert‹ (1980). Ob die Herausgabe von Cosimas Tagebüchern (in zwei Bänden 1976 und 1977), begleitet von vielen, auch juristischen Schwierigkeiten, nicht eher zu den unfreiwilligen Anti-Wagneriana zählen, möchte ich nicht entscheiden. Das gleiche gilt vom Ergänzungsband ›Das zweite Leben‹ (Briefe und Aufzeichnungen Cosimas 1883-1930), herausgegeben von Dietrich Mack (1980), der auch schon beim zweiten Band

der Tagebücher mitgearbeitet hat. Eine kompaktere, freundlich-kritische Cosima-Biographie stammt von Françoise Giroud ›Cosima Wagner. Mit Macht und mit Liebe‹ (deutsch 1998). Martin Gregor-Dellin hat des Weiteren (1972) eine äußerst wertvolle und praktische ›Wagner-Chronik‹ zusammengestellt: Wagners Leben sozusagen Tag für Tag sowie (1983) ein Wagner-Lexikon, außerdem, aber das gehört schon wirklich zu den Anti-Wagneriana, die wichtigsten Schriften des Meisters: ›Mein Denken‹ (1982). Es enthält unter anderem den unsäglichen Aufsatz ›Das Judentum in der Musik‹. Auf welchen inneren Gründen Wagners Antisemitismus beruhte, ist oben schon vermutet worden. Wie aber erklärt er ihn nach außen? Wer in ›Judentum in der Musik‹ Aufklärung finden will, wird enttäuscht sein. Sachliche oder wenigstens sachlich scheinende Argumente sind nicht zu finden. Es ist alles ein nebulöser Brei, für den etwa der Satz symptomatisch ist: der Jude sei ›zur Erregtheit höherer, herzdurchglühter Leidenschaft‹ nicht fähig. (Auch Heine nicht –?) Die Argumentation gipfelt sozusagen in der für Wagner schlagend scheinenden Feststellung: man vergegenwärtige sich, wie scheußlich es klänge, wenn ein Goethesches Gedicht in jüdischem Jargon uns vorgetragen würde. – Da muß man doch schon fragen: klingt ein Goethesches Gedicht in Wagners sächsischem Jargon besser?

Die Texte von Wagners Opern und Musikdramen sind als gut kommentierter Taschenbuch-Band (dtv

Dünndruck 2085) erhältlich; hingewiesen sei auch auf das, allen wissenschaftlichen Ansichten gerecht werdendes Verzeichnis der Werke Wagners (1986), herausgegeben von John Deathridge, Martin Geck und Egon Voss (bei Schott), eigentlich, wenngleich natürlich so nicht gemeint, die spannendste Wagner-Biographie, die es gibt. Was Peter Wapnewski zu altdeutschen Epen (z. T. ja Wagners Quellen) gesagt und geschrieben hat, gehört zum Besten seines Faches; in seinen beiden Wagner-Büchern ›Richard Wagner. Die Szene und ihr Meister‹ und ›Der traurige Gott‹ versucht Wapnewski – nicht ganz vergeblich – einen Sinn im wirren Handlungsgeflecht v. a. des ›Rings‹ zu finden.

Und zuletzt sei als Wagner-Kuriosum auf das Büchlein ›Wagner Parodien‹ (1983), das u. a. Nestroys ›Zukunftsposse‹ ›Tannhäuser‹ enthält (in der der schöne Vers vorkommt, den der Landgraf spricht, nachdem er von Tannhäusers ›Sünde‹ erfahren hat: »Im Venusberg vergaß er Ehr' und Pflicht? – Und ich, der Landgraf, komm' zu so was nicht!«), ›Der Ring, der nie gelungen‹ von Paul Gisbeck und ›Café Lohengrin‹ von Hans Pfitzner. Das Büchlein zeigt, wie anfällig Hehres ist. Sind je Parodien auf Komödien geschrieben worden?

3. Die ausgesprochene Anti-Wagner-Literatur. Da es meines Wissens keine Bibliographie Anti-Wagneriana gibt, möchte ich bei diesem Punkt etwas verweilen. Auch die Anti-Wagner-Literatur teilt

sich wiederum in zwei Gruppen. Zur ersten Gruppe gehören etwa die Schriften Nietzsches gegen Wagner: ›Der Fall Wagner‹, ›Götzen-Dämmerung‹, ›Nietzsche contra Wagner‹; diese Schriften des ehemaligen Wagner-Adepten Nietzsche erklären Wagnerianer ganz einfach damit, daß Nietzsche vor lauter Wagner-Begeisterung verrückt geworden sei und eigentlich pro-wagnerianische Bücher hätte schreiben wollen, wobei ihm ungeschickte Wendungen – »Ist Wagner überhaupt ein Mensch? Ist er nicht eher eine Krankheit?« – unterliefen, die sein ursprüngliches Wollen ins Gegenteil verkehrten. Im Übrigen entstanden und erschienen Nietzsches Anti-Wagner-Schriften alle erst nach 1883. Das Verhältnis Nietzsche-Wagner und Nietzsche-Cosima ist zu komplex, um es hier darzustellen. Bei Theodor W. Adornos ›Versuch über Wagner‹ ist die Argumentation der Wagnerianer sehr einfach: das Buch ist von einem Juden geschrieben. Da es ziemlich unverständlich ist, hat es weder unter Wagnerianern noch unter Anti-Wagnerianern große Wirkung getan – höchstens unter Adornianern, aber das ist, wie man so sagt, eine ganz andere Geschichte. Eine Volksausgabe des Adorno-Versuches, sozusagen, ist: ›Das denkwürdige Leben des Richard Wagner‹ von Ludwig Marcuse. Dieses Buch, eine Montage aus Briefstellen, Dokumenten und so scharfsinnigen wie witzigen Analysen der Musikdramen Wagners, erzielte dank eines verlegerischen Tricks die Wirkung einer Bombe unter Wagnerianern: das Buch kam just zum hundertfünfzigsten Geburtstag Wagners, also 1963, heraus. Zu meinem Erstaunen sah ich das Buch bei den Festspielen 1963 in Bayreuth in der Auslage der Jean-Paul-Buchhandlung. Ich klärte den Buchhändler auf. Er sagte mir, er habe nicht wissen können, daß es erlaubt sei, in so einem hohen Jubeljahr Bücher gegen Wagner zu drucken. Aber es war schon zu spät. Zahlreiche Wagnerianer hatten das Buch bereits gekauft.

Eine Rarität unter den Anti-Wagneriana, kaum bekannt, 1913 (also zum hundertsten Geburtstag) erschienen und seither nicht wieder aufgelegt, ist: ›Wagner oder Die Entzauberten‹ von Emil Ludwig. Das Werk ist deshalb so gefährlich – für Wagnerianer –, weil Emil Ludwig selber begeisterter Wagnerianer gewesen war und – als ein Entzauberter – ihm das ganze Arsenal der begeisterten Wagnerdetailkenntnis zur Verfügung stand, das er nun verwendete, um Wagner und die Seinen bloßzustellen.

Hierher gehört auch das lustige Buch des deutschen Amtsgerichtsrates Ernst von Pidde: ›Wagners Musikdrama ‚Der Ring des Nibelungen' im Lichte des deutschen Strafrechts‹. In dem Buch untersucht der Autor unter anderem die juristisch so knifflige Frage, ob die Tötung des Drachen Fafner durch Siegfried als Mord, Totschlag oder als Tierquälerei rechtlich zu qualifizieren ist. Ein sehr bösartiges Buch und dem Anti-Wagnerianer dringend zu empfehlen ist Friedelind Wagners schon erwähnte ›Nacht über Bayreuth‹. Friedelind ist eine der

Töchter Winifred Wagners. Enterbt war das wenigste, was Friedelind nach dem Erscheinen dieses Werkes wurde. Man kann sich denken, was in dem Buch alles erwähnt wird. Den jüngsten Skandal und Familienkrach hat Gottfried Wagners (Wolfgangs Sohn) Buch ›Wer nicht mit dem Wolf heult‹ (1997) hervorgerufen. Mit ›Wolf‹ ist niemand anderer als Hitler gemeint. Hierher gehört auch Nike Wagners (Tochter Wielands) ›Wagner Theater‹, das u. a. einen wirklich bemerkenswerten Aufsatz zu ›Tristan‹ enthält. Ich empfehle aber, diese zu Literatur geronnenen Familienfehden nicht ohne das Gegengewicht: ›Lebens-Akte‹ zu lesen, Wolfgang Wagners faktenreiche, informative Autobiographie. Mit ähnlicher Problematik befaßt sich Joachim Köhlers ›Wagners Hitler‹ (1997), und aus Jacob Katz' Buch ›Richard Wagner. Vorbote des Antisemitismus‹ lernt man, daß Wagner der Erfinder des *rassischen* Antisemitismus war. Bis dahin gab es nur den religiösen.

Die Aufzählung der Anti-Wagneriana wäre nicht vollständig ohne Erwähnung des Buches ›Richard Wagner. Ein deutsches Thema‹ von Hartmut Zelinsky: so polemisch wie erschreckend.

Das alles sind die freiwilligen Anti-Wagneriana; es gibt dann auch, und das ist die zweite Gruppe, unfreiwillige: Dazu zählt das 1876 erschienene ›Lexikon der Unhöflichkeiten gegen Richard Wagner‹ von Wilhelm Tappert, das dafür gedacht war, die Bösartigkeiten der Kritiker Wagners so recht anzuprangern. Es enthält herzerfrischende Aussprüche,

z.B.: »Wagners Musik ist besser, als sie klingt.« – Richard Wagners Autobiographie ›Mein Leben‹ gehört zu den unfreiwilligen Anti-Wagneriana. Das Bösartigste aber, was jemals gegen Richard Wagner geschrieben wurde, ist Richard Graf Du Moulin-Eckarts ›Cosima-Wagner‹-Biographie. Ich habe in Bayreuth einmal einen anerkannten Wagnerianer gesprochen, er war sogar sozusagen Kaplan einer amerikanischen Wagnergemeinde, der mir insgeheim gestand – ich darf seinen Namen nicht nennen, sonst würde er exparsifaliert oder wie man da sagt – der mir also gestand, daß selbst ihm der Schwulst und die Lobhudelei Du Moulin Eckarts zu dick seien. Insgesamt ist das Buch ungenießbar. Aber ein, zwei

Seiten ..., man lacht einen ganzen Walküren-Akt lang heimlich vor sich hin.

Ein Buch von eher harmloser, gutmütiger Art ist ›Wigala weia – vor und hinter den Kulissen‹ von dem Zeichner Emil Wagner (nicht verwandt mit Richard), der zu Ring-Zitaten parodierende Pointen zeichnet, etwa einen Wotan-Sänger in der Festspielkantine mit einem Maßkrug in der Hand: »Nun halt' ich, was mich erhebt.«

Zu erwähnen ist auch noch ein 1975 erschienenes Buch: Werner Meyer, ›Götterdämmerung, April 1945 in Bayreuth‹. Es ist, vom Wagnerianer-Standpunkt aus, von abseitigem Interesse, enthält als Kuriosum aber eine bemerkenswerte Photographie: Sie zeigt den Corporal Lester Carlson, der in dem zur Hälfte zerstörten Wahnfried seinen Helm auf jenen Flügel gelegt hat, den 1876 die Firma Steinway zur Eröffnung der Festspiele Wagner geschenkt hatte. Der Corporal klimpert mit einer Hand auf den Tasten des von den Detonationen mit Staub und Putzbrocken bedeckten Instrumentes. *Was* er klimpert, ist leider nicht überliefert. Und nun zum Schluß. Dieses Büchlein wäre nicht vollständig ohne ...

... den besinnlichen Schluß

Die Bayreuther Polizei hielt einmal einen Autofahrer an, der auf der Nürnberger Straße mit 70 km/h in Richtung Autobahn fuhr. Als Entschuldigung führte der betreffende Fahrer an: »Ich hasse Wagner.« Ich, der Verfasser dieses Büchleins, halte mich an die Geschwindigkeitsbegrenzung, sei es vor, sei es nach Bayreuth. Und, ja, ich liebe Wagner.

Herbert Rosendorfer
Salzburg für Anfänger

Was Sie schon immer über Salzburg und seine Festspiele wissen wollten

Herbert Rosendorfers ungewöhnlicher und witziger Salzburg-Führer – voll profunder Kenntnis, feiner Beobachtungsgabe und unnachahmlichem Humor – ist ein Muss für alle Freunde und Feinde der Mozartstadt.

»Herbert Rosendorfer versteht, munter zu unterhalten, vermag den Leser für entscheidende Probleme seiner Zeit zu interessieren.«
Frankfurter Allgemeine Zeitung

»Er ist ein echter Fabulierer.«
Hamburger Abendblatt

»Diese auf die Spitze gestellten grotesken Situationen sind oft umwerfend komisch.«
Süddeutsche Zeitung

128 Seiten, ISBN 3-485-00962-8
nymphenburger

Lesetipp

BUCHVERLAGE
LANGEN MÜLLER HERBIG
WWW.HERBIG.NET